KB119528

알맹이만 팔아요,

**알맹
상점**

알맹이만 팔아요,

알맹
상점

고금숙 · 이주은 · 양래교 지음

용기를 내면
세상이 바뀌는
제로웨이스트
습관

위즈덤하우스

"우리가 가진 유일한 인생은 일상이다." -카프카

환경 활동가들마저 친환경 실천을 '즐거운 불편'이라고들 한다. 하지만 플라스틱과 일회용품을 걷어내고 알맹이를 그득그득 채우는 일상이 불편이 아니라 궁극의 자기 돌봄이라는 것을 알아간다. 우리가 가진 유일한 인생은 일상이고, 그 일상의 사소한 단면을 하나씩 매만지는 곡진한 즐거움이 제로웨이스트의 삶에 들어 있다.

아직 하지 못한 이야기가 있다. 바로 개인의 실천과 활동가의 캠페인을 넘어 '알맹상점'이라는 가게를 시작하면서 '어쩌다 사장님'이 된 사연이다. 그저 플라스틱 프리 실천이 좋아서 만난 헐렁한 관계에서 돈과 사업이 칡넝쿨처럼 엉키는 비정한(?) 비즈니스 관계로 진화한 우리들의 사연이랄까. 이에 더해 알맹상점의 손님들과 다른 제로웨이스트 가게 이야기, 알맹상점에 좋은 물건을 만들어주고 알맹상점이 모은 쓰레기를 재활용하는 업체 이야기도 남아 있다.

이 책에는 아직 하지 못하고 남아 있는, 하고 싶은 이야기를 모았다. 1부에는 알맹상점이 생기게 된 과정과 세 명의 '초짜' 사장들이 몸으로 부딪히며 만들어간 제로웨이스트 가게 창업기, 2부에는 재활용되기 힘든 쓰레기를 모아 재활용시키는 우리 동네 커뮤니티 회수센터 이야기, 3부에는 쓰레기를 버리는 사회에 대항하며 작은 승리를 만들어낸 시민 액션 이야기, 4부에는 쓰레기를 줄이는 데 도움이 되는 구체적인 물건 이야기를 담았다.

그러니까, 우리는 지금 제로웨이스트 생태계를 만들어가는 중입니다. 제로웨이스트 커뮤니티를 만들어가는 현재 진행형의 이야기를 나누고 싶다.

1호점 커뮤니티 자원회수센터, 2호점 일회용품 없는 비건 카페   2

**목소리를 모으면 바뀝니다,
같이해요 캠페인!**   **3**

이제는 가성비 소비가 아니라 가치 소비

4

1

국내 최초 리필스테이션,
알맹상점

_by 금자

알맹이만 있는
플라스틱 프리의 꿈

알맹이만 찾는 자들, 망원시장에서 만나요

어쩌다 사장님이 되고야 말았다. 해마다 5월 1일 메이데이 노동절 집회에 나가고 민주노총 유튜브 채널을 구독하는 내가 말이다. 나는 시민단체에 근무한 약 15년간 좋아하는 일을 하는데 꼬박꼬박 돈도 나온다며 감개무량에 젖어 있었다. 최저임금 수준의 월급이 내게는 소시민의 확실한 행복, '소확행'이었다. 월급이 밀리지만 않는다면 검은 머리 파뿌리가 될 때까지 야근에 매진하겠다고 다짐했다.

　지금 나는 월말이 다가오면 눈알을 돋보기 모드로 전환해 통장 잔고를 태울 기세로 바라본다. 상점 간판을 떼다 팔지언정 매니저들 월급만은 따박따박 나오게 해주소서, 이번 달도 부디 월세와 월급과 퇴직금 적립만은 치르게 해주소서, 라는 마음으로 말이다. 알맹상점을 연 지 1년이 넘었지만 아직도 사장님 소리가 낯설다. 손님이 '사장님' 하고 부르면 나도 두리번거리며 사장님을 찾는다. 이렇게 팔자에도 없는 사장님으로 등극한 이유는 코끼리 귀보다 더 펄럭거리는 '팔랑귀' 때문이다.

내 팔자를 바꾸기 위해 내 인생에 당도한 '알짜'들을 만난 날을 기억한다. 그날 나는 솥단지 한가득 소리쟁이 풀을 끓이고 있었다. 소리쟁이는 창포처럼 머리카락에 좋다는 들풀이다. 나는 당시 20인분의 샴푸를 만든 후 자기 용기에 리필하는 워크숍을 열었다. 바로 망원시장에서 비닐봉투 줄이기 활동을 펼칠 알짜가 처음 모이는 자리였다. 알짜란 알맹이만 찾는 자의 약자로, '껍데기는 가라 알맹이만 오라'를 내걸고 망원시장에서 시작한 동네 모임이다. 바로 그 모임에 후크송처럼 '우리가 그냥 가게를 차리고 말겠어'라고 노래 부른 사람들이 있었다.

알짜 모임은 시민들이 직접 대안을 실험해보는 '서울시 리빙랩' 프로젝트로 시작됐다. 나는 여성 이슈 캠페인을 함께 진행했던 '열쫑', 제로웨이스트 매거진 '쓸(SSSSL)'의 배민지 편집장과 함께 2018년 리빙랩 사업에 지원했다.

열쫑은 플라스틱과의 전쟁을 뜻하는 '플라워(war)', 플라스틱을 빼는 '플라스마이너스', 제로 플라스틱을 뜻하는 '땡땡(00)' 등 10여 개의 이름을 주르륵 뽑아냈다. 예나 지금이나 대중성과 센스가 고쟁이인 나는 캠페인 이름으로 플라워를 뽑았다. 그러나 쓰레기 문제에 진심인 '쓰레기 덕질' 온라인 방에서 투표한 결과 '알맹'으로 결정되었다. 캠페인 이후 가장 많이 들은 말은 알맹이 어감도 좋고 뜻도 와닿는다는 칭찬이다. '제로웨이스트'란 영어를 앙증맞은 우리말로 변환해냈다고들 했다. 끝까지 플라워로 고집했다면 어쩔 뻔했나, 아직도 아찔하다. 역시 남의 말을 잘 듣고 볼 일이다.

우리는 최종적으로 '알맹@망원시장'이라고 이름 붙이고 다음과 같은 활동을 하기로 했다. 전통시장에서 장바구니 대여하기, 자기 용기에 리필하는 '용기 내' 활동하기, 묶음 포장을 벗겨 알맹이만 파는 가게 만들기, 이런 일을 함께할 알짜들 모으기.

우리 모두 본격적으로 풀뿌리 마을 사업을 해본 적 없는 '초짜'라서 가능했다. 무식해서 용감했고, 그래서 무엇을 상상하든 죄다 기획에 넣었고, 상인들도 호응해주리라 기대했다. 하지만 곧 시장 한복판에서 왜 가장 폼 안 나고 고달픈 활동가가 현장에서 주민을 만나는 풀뿌리 활동가인지 깨달았다. 사무실에서 보도자료와 문서를 쓰고 홍보물을 만드는 활동과는 달랐다. 거리에서 눈이 마주친 사람에게 '도를 아십니까'라고 다가가는 격이었다.

내향형에 가까운 나는 여전히 '시장 라운딩'이 두렵다. 빵 차이는 실연을 당하고도, 자정에 에스프레소를 마시고도 잠만 잘 자는 내가 시장 라운딩 전날 밤 새벽 3시에 깨서 이 또한 지나가리라, 주문을 외며 아침을 맞았다. 시장 라운딩은 망원시장의 80여 개 점포를 돌며 상인들께 비닐 포장을 벗겨줄 수 있는지, 대여용 장바구니를 놓아도 되는지 허락을 구하는 일이다. 상인들은 우리가 보험이나 녹즙을 팔러 왔다고 여기는 눈치였다. 손님 상대하기도 바쁘니 훠이훠이 얼른 가라는 분위기였다.

한차례 실패 후 다음 라운딩에는 상인들께 드릴 음료수부터 샀다. '선 박카스, 후 설명'으로 넘어가는 전략이었다. 박카스를 들이밀면 우선 분위기가 한결 너그러워졌다. 웃는 얼굴에 침 못 뱉는 것처럼 선물에도 침을 못 뱉는 법이다. 무엇보다 성공률을 높이는 최고 경지는 '선 구입, 후 설득'이었다. 우선 가져간 용기와 장바구니에 잔뜩 장을 본다. 그러면서 "이런 거 하자는 건데요. 참 쉽죠? 장바구니 없는 분께는 장바구니를 빌려주시고 알맹이만 사시는 분께는 저희가 제공하는 인센티브를 주세요, 참 쉽죠잉?"하며 설득했다. 인센티브는 '마포공동체경제'에서 유통하는 지역화폐 '모아'로, 망원시장에서 현금처럼 사용할 수 있었다.

동시에 밤 10시에 열리는 망원시장 상인회 회의에 과일을 싸들고 쳐들어가 "딱 10분만 저희 말 좀 들어주세요"라고 했다. 주어진 10분 동안 광고대행사 직원처럼 인쇄한 자료를 돌리며 설명을 했다. 그 자료에는 비닐 포장 없이 알맹이만 놓인 해외 농부

시장 모습, 비닐을 먹고 죽어가는 거북이 사진, 장바구니 대여 효과 등이 들어 있었다. 내향형 인간의 영업사원 극한 체험기 같은 시간을 보내며 스스로에게 물었다. 가게 문을 닫은 후 밤 10시가 돼서야 회의를 하는 자영업자들, 부피가 큰 장바구니를 보관할 공간이 없는 영세한 가게에서 플라스틱 프리를 실천할 수 있을까. 우리가 너무 현실을 몰랐을까.

우리는 알맹@망원시장에 참여하는 가게에 금전적인 지원을 하는 방안도 고민했다. 그러나 그 경우 리빙랩 사업이 끝나면 혜택도 끝나고, 보상이 주어지면 오히려 장바구니만 낭비될 거 같아 마음을 접었다. 작은 가게도 각자 할 수 있는 만큼씩 참여하면 된다. 그래서 장바구니가 큰 공간을 차지하지 않도록 조금씩 자주 배달하고, 장바구니 보증금을 없앴다. 원래 사업 계획에는 장바구니의 원활한 반납을 위한 500원의 보증금이 포함되어 있었다. 대신 새 장바구니를 따로 사거나 제작하지 않기로 했다. 장바구니가 반납되지 않아도 새 자원을 낭비하지 않도록 새 장바구니는 한 장도 사지 않았다. 안 쓰는 장바구니를 모으고 장바구니가 부족하면 헌 종이 쇼핑백을 모아 망원시장에서 사용하자고 했다. 캠페인 3개월 동안 장바구니 1천 개와 그만큼의 쇼핑백을 모았다.

사실 우리가 잘하는 활동은 사람을 모으는 일이었다. 우리가 돈이 없지 사람이 없나. 껍데기 없이 알맹이만 사자고 하면 몰려들 '쓰레기 덕후'들이 있지 않은가. 알맹@망원시장에 참여하는 가게들을 북돋고, 용기 내어 장 보고, 소셜네트워크에 소문을 내줄 망원시장 근처의 쓰레기 덕후들 말이다. 온라인에 '망원시장에서 내 용기에 담아 달라고 했다가 거절당한 이들, 에코백을 내밀기도 전 봉지에 담긴 제품에 절망한 자들, 짐짓 쉴 곳을 찾아 모여라'라고 글을 올렸다.

그때 모인 사람들이 바로 알맹이만 찾는 자, 알짜 1기다. 알짜 1기는 참새가 방앗간 들르듯 망원시장을 자주 이용하라고 그 근처에 사는 동네 사람들로 한정했다. 알짜 1기가 주로 한 일은 망원시장 80여 개 가게 중 알맹@망원시장에 참여하는 16개 가게에 '돈쭐'을 내는 활동이었다. 10여 명이 모여 자기 용기와 장바구니에 장을 보며 남사스러울 정도로 사장님을 칭찬한다. 알짜의 시작은 플라스틱과의 전쟁처럼 비장했으나 끝은 늘 '수요미식회'였다. 우리는 용기에 사온 먹거리를 나눠 먹으며 망원시장에서 제일 맛있는 전집, 꽈배기집, 반찬집, 강정집 등을 골랐다. 마침 망원시장에는 시장에서 산 먹거리를 자유롭게 먹을 수 있는 '카페엠'이 있었다. 사무실이나 회의실이 없는 우리는 카페엠을 아지트 삼아, 먹고 마시고 회의하고 장바구니와 쇼핑백을 정리했다. 알짜 1기는 상인들과 안면을 트고 망원시장에 용기를 싸들고 다니는 '실천러'들이 득시글 존재한다는 사실을 알렸다.

6개월 후 서울시 리빙랩 사업은 마무리되었다. 알짜 1기 모임도 정리되었다. 리빙랩 실험의 결론은 전통시장에서 장바구니를 빌려줘도 비닐봉지 규제 없이는 일회용품 사용이 줄지 않는다는 것이었다. 대형마트처럼 전통시장에도 비닐봉지 규제가 있어야 한다. 하지만 우리 마음대로 규제를 뚝딱 만들 수는 없다. 고로 알맹@망원시장 실험은 망했다. 민지는 다시 매거진 쓸을 편집하는 본연의 길로, 열쭝은 인권 활동을 찾아 떠났다. 덩그러니 망원시장에 남겨진 나는 외로웠지만 더 이상 그들을 붙잡을 수가 없었다. 그래서 망한 김에 에라 모르겠다, 나도 떠났다. 노점상을 막론하고 비닐봉지 사용을 전면 금지한 인도 카르타나카와 전 세계에서 가장 강력한 비닐봉지 금지 정책을 펼치는 케냐로 말이다. 때는 '쓰레기 대란'이 터진 2018년이었다.

그렇게 탄소발자국을 남긴 여행의 결론은 비닐봉지 규제도 중요하지만 시민참여와 인식도 중요하다는, 여행 안 가도 알 수 있는 뻔한 사실이었다. 그런데도 어쩐지 '세 얼간이' 식의 여행에서 위로를 받은 기분이었다. 하고 싶은 일들이 머릿속에서 탄산수처럼 터져나왔다. 나는 돌아오는 비행기에서 텀블러에 음료를 받아 마시며 알짜 2기를 모집할 궁리에 빠졌다.

2019년, 다시 알짜 2기를 모집했다. 망원동 거주자가 아니어도 되고 쓰레기 덕질 초보도 좋다, 그저 좋아서 자기 시간과 돈을 들여 알짜 활동을 하면 된다. 서울은 물론 일산, 인천, 광명 등 수도권 곳곳에서 약 20여 명의 사람이 모였다. 알짜 1기에서 계속 활동을 하겠다고 남은 2~3명도 함께였다.

주은(은)은 알짜 2기 모임이 있기 전 서울시 행사에서 알맹@망원시장 캠페인을 소개하는 나를 이미 만났다고 한다. 그전에 알맹@망원시장 캠페인을 들은 적은 있지만 마포구청이나 환경단체에서 하는 일로 생각했는데 발표를 듣고서야 망원동 동네 사람이 자발적으로 하는 일이라는 사실을 알았다고 한다. '저 활동 나도 같이 하고 싶다, 뭐라도 시작해봐야지'라고 마음을 다졌단다. 알짜 2기를 모집한다는 소식을 늦게 문자로 보았는데 그래서 첫 모임에 나오지 못했다고 한다. 대신 두 번째 모임에 멀리 인천에서 용기를 바리바리 싸서 나타났다. 그 전날 운명처럼 유튜브에서 제로웨이스트를 다루는 '친절한 래교'를 봤다나 뭐라나.

래교 역시 첫 모임에 나오지 못했다. 알짜 2기에 지원했지만 가족 행사로 첫 모임에 참여할 수 없는 상황이었다. 알짜 2기 모집 공고에는 '엄격, 근엄, 진지'체로 첫 모임 불참 시 알짜 활동을 하지 못한다고 쓰여 있었다. 하지만 꼭 함께하고 싶어 전화를 해

봤는데 예상 외로 다음 모임부터 참여하시면 되죠, 라고 해서 계 타는 기분이었단다. 일자리 면접도 아닌데 그토록 각을 잡다니, 저는 뭘 믿고 그토록 허세를 부렸단 말입니까. 정작 나는 첫 모임에서 래교를 보았다고 한결같이 믿고 있었다. 래교가 꼬셔서 데려온 래교의 친구, 정은을 만났기 때문이다. 처음에는 '청담동 며느리' 같아서 잠깐 나오다 말겠지, 라고 생각했다. 하지만 정은은 알맹@망원시장 캠페인 때마다 비닐을 쓰지 말라고 소리를 질러 상인들의 민원을 받기도 했다. 정은은 알짜의 '목청 멤버'로 활동하다 알맹상점이 생긴 후 매니저로도 활동했다.

알짜 2기는 망원시장에 좌판을 깔고 자기 용기를 사용한 '알맹러'들에게 무포장 채소를 선물로 주는 캠페인을 열었다. 비닐봉지를 숨긴 채 선물을 달라는 손님들을 공항 보안요원보다 더 엄격하게 검사했다. 또한 방문 판매원처럼 능숙하게 시장 라운딩을 수행했다. 그 덕에 알맹@망원시장은 제로웨이스트를 실천하는 사람들에게 알음알음 입소문이 났다. 망원시장에서 쓰레기 없이 장을 보거나 플라스틱 프리 교육을 받고 싶다는 사람이 생겨 알짜들이 얼결에 교육과 워크숍까지 하게 됐다. 제로웨이스트 실천러들이 성지순례 하듯 망원시장을 방문하고 언론 취재가 많아지면서 상인들의 반응도 좀 달라졌다. 알짜들은 시장에서 비닐봉지 사용을 줄이지는 못했지만 용기를 가져온 사람들을 인정하는 호의적인 분위기를 이끌어냈다.

"이렇게 용기 들고 장 보러 다니다니, 자네들이 애국자여."

급기야 이런 말을 듣는 사태에 이르렀다. 저출생 시대, 애도 없는 내가 애국자 소리를 듣다니 이럴 수가. 몇 년 전 무상급식 논쟁으로 서울시장이 물러나네 마네 하던 때 거리에서 "어머님, 우리 애들 밥은 먹여야 하지 않겠습니까? 서명 해주세요"라는 말을 들었을 때처럼 얼떨떨했다. 다만 그때는 정치적 소신이고 뭐고 서명 용지를 찢고 싶은 '극대노' 상태였고, 이번에는 "뭘요, 애국이랄 것까지야 호호호"라고 손사래 치는 '미필적 겸손'인 점이 다르다.

내 용기에 나물반찬을 사려다 거절당했던 지난날의 수모여, 이제 안녕. 알맹@망원시장 캠페인을 시작한 지 어언 2년, 판도가 뒤집혔다. 용기를 배척하기는커녕 난데없이 칭찬과 덤을 얹어주는 가게들이 생겨났다. 쓰레기 대란이 터지며 사회적 분위기가 변하기도 했고 우리 알짜들이 꾸준히 시장 라운딩을 한 결과이기도 했다. 전통시장에 장바구니와 용기를 챙겨가면 채소, 고기, 생선은 물론 즉석 김도, 손두부도, 반찬도, 강정도 골라 담을 수 있다. 직접 제조하여 판매하는 곳이 많기 때문이다. 다만 가게마다 무포장으로 파는 제품들이 제각각 달라서 발품을 팔아야 한다. 채소만 해도 고추, 가지, 마늘, 당근을 모두 다른 가게에서 사야 비닐이 안 나온다.

그간 찜해둔 무포장 제품이 많은 곡물 가게와 채소 가게 두 곳을 찾아가 나머지 제품에서도 포장재를 벗겨달라고 읍소했다. 망원시장에 쓰레기 없이 구매할 수 있는 '원스탑 알맹이' 가게를 만들어보고 싶었다. 유럽 농부 시장의 알맹이만 놓인 광경을 바로 여기, 망원시장에 구현하리라. 꼴랑 가게 두 개를 유럽 스타일(?)로 바꾸는 것은 쉽지 않을까.

　나는 망원시장 포토존이 되도록 '핫하게' 매장 디스플레이를 바꿔보겠다, '일인용 가게' 콘셉트로 낱개 판매를 하면 젊은 층을 끌 것이다, 소셜네트워크에서 소몰이하듯 이곳을 집중 홍보하겠다 등의 공약을 남발했다. 나라면 당장 하겠다고 나설 것만 같았으나 정작 상인들 반응은 시큰둥했다. 그때 가장 많이 들은 소리가 "정 하고 싶으면 직접 가게를 차리든가"였다. 이때만 해도 개미 코털만큼도 가게를 할 생각이 없었기에 눈물을 머금고 유럽 스타일을 접어야만 했다. 그때 근처 연희동의 일회용 없는 카페 '보틀팩토리' 정다운 대표님과 같이 다녔는데, 그는 이후 연희동 일대의 가게를 엮어 무포장 판매를 하는 '유어보틀위크'라는 축제를 열었다. 우리 알짜들은 대신 망원시장 플라스틱 프리 지도를 만들었다. 미역, 버섯, 북어는 이곳에서, 고추와 깐 마늘은 저곳에서, 족발과 김은 몇 시에 가야 포장 없이 살 수 있다는 정보를 모아 지도에 표시했다.

그 후 시장을 벗어나 망원시장 주변 가게를 어슬렁거렸다. 영국의 아비포스라는 지역에서는 주민들이 나서서 '플라스틱 프리' 마을을 만들었다. 우유를 리필하는 가게, 일회용 플라스틱 빨대와 컵을 쓰지 않는 카페, 포장이 필요 없는 고체 화장품을 파는 잡화점 등 약 120여 가게가 플라스틱 프리를 선언했다. 우리도 아비포스처럼 할 수 있지 않을까. 이미 우리의 아지트인 망원시장 카페엠을 설득해 일회용 빨대를 치우고 콧구멍에 빨대가 낀 슬픈 거북이 사진을 붙인 경험이 있었다. 그 경험을 바탕으로 마포공동체화폐 모아를 사용하는 공동체 가게들을 찾아다녔다.

카페에는 일회용 빨대를 매장에서 치우고 유리 빨대를 비치해 달라, 아이스크림 가게에는 나무 스푼을 드릴 테니 플라스틱 스푼을 없애보자 등을 제안했다. 망원시장에서 한 것처럼 알짜들은 그런 가게들만 골라 커피를 마시고 아이스크림을 사먹으며 눈도장을 찍었다. 한 가게를 설득하기 위해 세 번 이상씩 발품을 팔았다. 그러나 그 가게들은 얼마 안 가 예전처럼 일회용품으로 돌아가고는 했다. 우리가 붙인 환경 포스터는 "왜 여기는 빨대 없어요?"라는 손님의 한 마디에 떼어졌다. 사장님과 매니저의 강직한 진심이 있지 않는 한 우리의 설득은 일회용품의 편리함을 따라잡을 수 없었다.

망원시장 역시 용기를 환대해주는 분위기가 자리잡혔지만 검정비닐의 향연은 여전했다. 우리는 월 1회 진행했던 알맹@망원시장 캠페인 때마다 절망하고 절망했다. 망원시장 배송센터 앞에 과일과 채소를 펼쳐놓고는, 비닐봉지가 175만 개의 미세플라스틱으로 쪼개진다, 동물들이 비닐 먹고 죽는 거 안 봤냐 등을 외쳤다. 알짜들의 목소리는 시장의 할인 판매 소리보다 커서 상인들의 분노를 사기도 했다. 민원 신고가 들어가면 우리는 목소리를 죽이고 검정봉지를 쓰지 않은 손님을 찾아내 당근, 양파, 브로콜리 등의 채소를 선물로 드렸다. 그렇게 100명 중 한 명이나 될까 말까한 사람만이 비닐봉투를 거절한다는 사실을 몸소 확인했다. 많은 사람이 장바구니를 들고 다니지만 그 안에는 이미 검정 비닐봉투가 가득 차 있었다. 구입한 먹거리를 투명한 속 비닐에 담고 검정 비닐봉투에 담은 후 장바구니에 담는다. 장바구니란 물건은 검정봉지를 한꺼번에 담는 용도란 말입니까. 우리 알짜들만이 장바구니를 비닐을 줄이는 용도로 오해했단 말입니까. 세상에 알짜들만 우리 편인 것 같았다. 뭔가 다른 방법을 찾아야 했다.

국내 최초 리필스테이션,
세상만사 다 리필할래

망원시장 세제 리필 가게

시간이 갈수록 플라스틱 문제를 아는 사람들은 더 많아졌다. 그러나 실제 용기를 가져오거나 비닐봉투를 거절하는 등 삶의 패턴을 바꾸는 사람은 크게 늘지 않았다. 우리의 노력이 뭘 바꿨을까, 자괴감이 들었다. 규제와 제도가 필요했다. 이대로 드문드문 캠페인만 해서는 답이 없지 않을까. 그때 어쩌다 들른 나라에서 접한 사례가 떠올랐다.

당시 우리는 비싼 케냐 직행 대신 가장 저렴한 경유 노선의 비행기를 택했다. 케냐에 가는 길에는 중국과 인도를, 한국으로 돌아오는 길에는 태국과 중국을 들르는 다채로운 경로였다. 왕복 비행기 한 번으로 네 곳이나 가다니 시간은 있고 돈은 없는 우리를 위한 일정이랄까. 비닐봉지 사용을 금지한 인도와 케냐에서

각각 10일 정도 머물며 인터뷰를 하고 쓰레기 매립장을 쫓아다녔다. 한국으로 돌아오는 길에는 제로웨이스트고 뭐고 다 잊고 수영만 하겠다는 부푼 다짐으로 태국에 들렀다.

그러나 김유신의 말처럼 내 전자 기기는 내 의지를 배신했다. 와이파이에 연결된 내 노트북 화면에는 방콕의 제로웨이스트 가게들이 퐁퐁퐁 떠올랐다. 이렇게 똑똑한데 이창호 기사님이 인공지능을 어떻게 이기냐고. 그간의 검색어를 기억한 페이스북, 인스타그램, 유튜브가 일제히 방콕의 제로웨이스트 가게와 파타야 해변 쓰레기 줍기 모임 등을 띄웠다. 나는 노트북의 목을 자르는 대신 용기를 챙겨 제로웨이스트 가게 탐방에 나섰다. 다시 일에 빠진 덕에 바다 쓰레기로 만든 수영복은 고이 가방에 모셔둬야 했다.

그중 한 곳이 5층 건물을 제로웨이스트로 채운 '베터문(better moon)'이었다. 전통시장 중간에 자리한 베터문은 1층은 제로웨이스트 가게와 카페, 2층은 교육과 워크숍 공간, 3~5층은 제로웨이스트 숙소로 운영되고 있었다. 더 알고 싶어진 나는 주인 인터뷰를 청했고, 20대 후반으로 보이는 젊은 사장님이 흔쾌히 우리를 맞아주었다. 나는 어떻게 5층 건물 전체에서 제로웨이스트 사업을 시작했는지, 이토록 큰 배포는 어디서 나온 건지 궁금했다. 그도 처음부터 가게를 연 것은 아니었다. 제로웨이스트에 관심 있는 친구 셋이 모여 방콕 시민들의 반응을 살피기 위해 전통시장과 환경 행사에 좌판을 깔았다. 약 한 달간 대용량 세제와 샴푸를 늘어놓고 자기 용기를 가져온 사람에게 저렴하게 판매해보았다. 기대 이상으로 많은 사람들이 참여하면서 긍정적으로 반겨주었다. 그렇게 '노점' 제로웨이스트 팝업 숍을 성공적으로 마친 후 본격적으로 가게를 열었다고 한다. 가게 이름은 주인장이 키우던 토끼의 이름 '문(moon)'을 따서 '더 나은 달'을 뜻하는 베터문이 되었다.

캠페인만으로는 부족하다 싶었을 때 나는 그가 보여준 사진을 떠올렸다. 전통시장 한가운데 달랑 말통 다섯 개를 놓고 시작한 노점의 모습. 결코 제품이 다양하거나 세련된 부스가 아니었다. 세 명의 젊은이가 이동식 테이블 위에 말통 몇 개와 저울을 올려놓고 웃고 있을 뿐이었다. 우리 동네에도 세제나 화장품을 리필하는 곳이 하나도 없단 말이지. 나는 카페엠에 찾아가 와인병을 쌓아놓은 한구석을 세제 리필 공간으로 쓰자고 제안했다. 리필 손님이 커피를 마시면 카페 매상에도 좋고 카페엠을 알리기도 좋다는 '허경영'식 공약을 남발했다.

그렇게 카페엠의 협조를 얻어 6개월간 세제 다섯 종류의 리필 팝업 숍을 시작했다. 본격적인 장사가 아니라고 생각해 카페엠 매니저님께 운영을 맡기고 손님처럼 가끔 들르며 재고를 채웠다. 쌍수 들어 가장 반긴 사람은 바로 알짜들이었다. 우리의 리필 '숍인숍'은 20리터의 말통 세제를 구입해 알짜끼리 나눠 쓰는 공동구매에 가까웠다. 시간이 가면서 오매불망 리필을 기다리던 사람들에게 알음알음 소문이 났다. 자기 용기를 들고 일산, 광명, 인천 등에서 세제를 사겠다고 오는 사람들이 자연스럽게 모였다. 이렇게 방콕의 베터문을 따라 국내 최초의 리필 가게가 되었고, 국내에서 최초로 제로웨이스트 대신 '리필스테이션'이란 단어를 쓰기 시작했다. 정말이지 태국은 '땡모반(수박주스)'을 마시며 수영하러 들른 곳이었는데 뒤로 걷다 수박을 주운 것 같은 횡재였다.

직접 리필 가게를 해보니 '삽질'의 연속이었다. 처음에는 말통 세제와 저울만 있으면 되겠지, 정도로 쉽게 생각했다. 막무가내로 인터넷에 대용량, 말통, 벌크 세제로 검색한 결과 빨래방과 식당에서 사용하는 업소용 20리터짜리 세제가 나왔다. 가격도 저렴했다. 그러나 대용량 세제는 업소용이라서 제로웨이스트 가게를 찾을 친환경 소비자에게는 맞지 않았다. 업소용 제품은 '가성비'였다. 화면을 한가득 채운 대용량 세제 목록을 주르륵 스크롤하기를 수십 번, 그러나 마음에 드는 세제가 없었다.

화면을 뚫어지게 쳐다보다 토끼 눈이 된 나는 인터넷으로 제품을 찾는 것을 포기했다. 친환경 인증을 받고 생활협동조합에서 판매되는 제품을 찾아 그 업체들에 전화를 했다. 전화를 받은 업체마다 "네, 뭐라고요? 세제를 덜어 판다고요?"라고 되물으며 서둘러 전화를 끊었다. 협조적인 경우에도 이미 공장에서 정해진 용량으로 제조해서 나오기 때문에 따로 말통에 담아 팔 수는 없다고 했다. 그런데도 "저희는 말통도 씻어서 보낼 테니 거기에 계속 담아주세요"라고 질척거리기까지 했다. 나는 업체들에 달라 붙는 파리 끈끈이 같은 존재가 되었다. 외국의 제로웨이스트 가게들을 빼곡 채운 세제는 다 어디서 왔단 말이냐.

그러던 중 프리미엄 빨래방 체인점에서 친환경 인증을 받은 20리터 대용량 세탁세제와 섬유유연제를 찾아냈다. 환경부의 친환경 인증도 받았겠다, 같은 제품보다 약 20% 저렴해서 용기 값도 빠지겠다 싶어 어여 계약을 맺었다. 친환경 벌크 제품이 없던 불모지 시절 우리에게 손 내밀어 준 업체에 감동한 나머지 우리는 여기저기 소문을 냈다. 이후 제로웨이스트 가게가 늘어나면서 이 업체는 제로웨이스트 가게를 대상으로 대용량 세제 쇼핑몰을 시작했고, 제로웨이스트 가게들이 말통 세제를 주문할 때마다 기부금을 적립해주었다. 베이킹소다와 과탄산소다는 인터넷에 25킬로그램 제품이 나와 있어 얼씨구나 사들였다. 이렇게 자주 사용하는 세탁세제, 섬유유연제, 주방세제, 과탄산소다, 베이킹소다 다섯 종류로 조촐하게 선반을 채웠다.

제품을 고른 후에도 삽질은 계속되었다. 말통 세제가 도착했는데 너무 무거워서 테이블에 올려놓는데 허리가 우지끈했다. 그 다음, 세제는 어떻게 옮겨 담지? 석유난로에 등유를 넣듯 빨간 손잡이의 주름관 펌프를 마련해야 하나? 도대체 그런 건 뭐라고 검색해야 나오는 거야? 밸브, 펌프, 디스펜서 등으로 검색해 말통 입구에 끼울 수 있는 제품을 찾아냈다. 그런데 말입니다. 말통 입구 사이즈가 55밀리미터인지 60밀리미터인지 확인하려면 어디서부터 재야 하지? 펌프가 나을지 밸브가 좋을지, 공기 주입구와 360도 회전 기능은 또 뭐람, 의문투성이였다. 직접 해보지 않고는 딱 맞는 도구를 찾을 수 없었다.

울며 겨자 먹기로 온갖 종류의 밸브와 펌프를 주문했다. 이런 물건은 대형마트에서도 팔지 않는다. 일부 세제는 펌프를 끼우면 펌프질하는 사이 이미 엄청난 거품이 일었다. 이 상태로 리필하면 세제 내용물 대신 거품 방울만 용기를 가득 채웠다. 어떤 밸브는 섬유유연제를 리필할 때는 잘 작동하다가도 점도 높은 주방세제는 막혀서 나오지 않았다. 말통 중에는 망치를 사용해야 열리는 종류도 있었다. 그걸 몰라 손으로 연다고 끙끙대다 손가락뼈가 휘는 줄 알았다. 주입구가 큰 고점도 밸브의 경우 손님이 가져온 작은 용기 입구에 맞지 않았다. 잘못 끼운 밸브에서 밤새 세제가 흘러 온 바닥을 거품으로 뒤덮기도 했고, 공기가 꽉 차서 밸브를 열어도 세제가 나오지 않기도 했다. 세제를 닦은 걸레는 빨아도 빨아도 거품이 계속 생겼고, 밸브가 막혀서 고장난 텔레비전을 치듯 애꿎은 말통을 탕탕 치기도 했다.

결국 이런 과정을 여러 번 겪고 다양한 종류의 디스펜서를 버려가면서 적당한 제품을 골랐다. 나는 홍익인간의 자손으로서 굳게 다짐했다. 널리 리필 가게를 하려는 사람들을 이롭게 하리라, 내가 겪은 지난한 삽질을 반복하게 하지 않으리. 카페엠 숍인숍에서 벌어진 시행착오를 정리해 「우리 동네에서 세제 소분 숍 알맹을 꿈꾸는 사람들을 위한 안내서」를 펴냈다. 그리고 자기 동네에서 직접 실험해볼 사람들을 모집했다. 전국 20여 곳에서 신청이 들어왔다. 나는 환경단체의 지원을 받아 리필 안내서와 소분 밸브, 말통 세제 한 통씩을 보냈다. 우리처럼 엉성해도 괜찮아, 본인 가게가 없어도 괜찮아, 우선 한번 시작해보라고 부추길 참이었다. 태국의 베터문에서 얻은 용기를 이 땅의 다른 지역에도 퍼뜨리고 싶었다. 제도와 규제를 바꾸는 일은 망원동 파리 끈끈이 같은 내가 해볼 수 있는 차원이 아니다. 하지만 일회용 플라스틱을 피해 용기를 이고 지고 다니는 사람을 위한 공간은 마련할 수 있다. 공간만 있다면 30만 원으로도 세제 리필 가게를 차릴 수 있다.

 「세제 소분 숍 알맹을 꿈꾸는 사람들을 위한 안내서」

화장품도 리필 가능? 콜!

세제를 리필하면서 화장품도 리필하고 싶은 생각이 뭉게뭉게 솟아났다. 세제가 되는데 샴푸, 바디워시, 로션은 왜 안 될까. 세제 리필을 하면서 알짜들은 더 이상 세제를 직접 만드는 수고를 하지 않아도 되었다. 나는 취향껏 만들어 쓰는 게 좋은 '본투비 핸드메이드' 스타일은 아니다. 오로지 새 플라스틱 용기를 안 쓰고 싶은 열망으로 올인원 세정제와 치약 등을 만들어 사용했다. 하지만 결국 재료가 담겨 있던 일회용 포장지가 나왔다. 알짜들도 직접 만들어서 사용하니 보람차지만 가끔 금단 증상처럼 시중 제품을 사서 쓰고 싶을 때가 닥친다고 고백했다.

독일, 태국, 이탈리아의 제로웨이스트 매장에서는 화장품도 리필로 팔았다. 특히 이탈리아 밀라노에서 들른 제로웨이스트 가게는 마스카라, 볼 터치 같은 색조 화장품과 화장품 재료들까지 소분해서 판매했다. 그런데 국내에서는 로션, 크림은 물론 샴푸, 린스, 바디워시까지도 모두 소분 판매가 금지되어 있었다. 알고 보니 세제도 자기 마음대로 소분 판매하면 안 되긴 했다. 특히 화장품의 경우 완제품을 덜어 판매하는 행위를 불법으로 규정하고 구체적으로 자격증을 갖출 것을 요구했다.

이 자격증이 바로 2020년에 처음 시행된 '맞춤형화장품조제관리사' 국가 자격증이다. 이 자격증을 따면 외국처럼 화장품도 리필해 판매할 수 있다. 화장품 리필의 야심에 가득 찬 나는 학교를 졸업한 지 20년 만에 평생교육원에 등록했다. 낮에는 카페엠에 들러 흘러내린 세제를 닦고 밤에는 16종(현재는 26종으로 늘어났다)의 인체 알레르기 유발 성분을 달달 외웠다. 그렇게 제1회 맞춤형화장품조제관리사 시험에 합격했다. 운전면허를 네 번 떨어지고 붙었을 때보다 훨씬 기뻤다. 운전면허 자격증은 내 인생에서 한 번도 쓴 적 없지만 맞춤형화장품조제관리사는 화장품을 리필하게 해주는 기반이었다. 화장품은 종류도 워낙 다양하고 복합 재질이나 불투명 유리 등의 화장품 용기는 재활용도 어려워 리필이 절실했다.

자격증을 거머쥐고 보무도 당당하게 화장품 리필을 시작하려 했다. 그러나 화장품은 대용량 제품 자체가 없었다. 업소용이라도 나와 있는 세제는 고마울 지경이었다. 화장품 업체는 세제 업체보다 훨씬 민감하게 반응했다. 대용량 제품을 안 파는 것은 물론, 도대체 위생은 어떻게 책임질지, 과연 누가 화장품을 돈 주고 리필할지, 음료병에 담긴 화장품 토너를 마시면 어떻게 될지 등의 질문을 듣다 보면 큰일이 날 것 같았다. 그때마다 나는 해외 제로웨이스트 가게에서 본 말통 화장품을 떠올리며 심호흡을 했다. '이 또한 지나가리라. 다른 나라들에서는 별일 없이 화장품을 리필하고 있다.' 그러고는 다음 날엔 다시 화장품 업체에 전화를 돌렸다.

결국 평생교육원에서 맞춤형화장품조제관리사 강의를 하신 교수님 인맥으로 20리터 말통에 화장품을 공급해주는 업체를 찾았다. 그 업체는 용기를 깨끗이 씻어 말려 보내면 소독과 미생물 검사를 거쳐 말통을 재사용하는 것도 가능하다고 했다. 한번 해보고 안 되면 말통은 교체하자고 하셨다. 다만 제품별로 공장에서 제조하는 최소량이 300킬로그램인데 유통기간 내에 팔아야 한다고 하셨다. 우리는 장사가 잘 될지 안 될지도 모르면서 무조건 계약하기로 했다. 이 기회를 놓치면 대용량 화장품을 구하지 못해 물거품이 될 것만 같았다. 누군가 리필 가게를 먼저 열었다면 따라갔을 텐데 아무도 없었다. 우리가 스스로 길을 내야 했다.

　　문득 카페엠의 세제 리필 가게를 찾아온 친환경 화장품 업체가 떠올랐다. 세제처럼 화장품도 리필해보고 싶다고, 플라스틱 프리에 진심을 보였던 업체였다. 연락을 드리자 정말 화장품을 리필할 수 있냐며 전화기 너머로 환호성을 질렀다. 우리는 올림픽 복식 탁구 금메달 선수들처럼 척척 손발이 맞았다. 그렇게 두 업체에서 말통에 든 화장품을 공급받아 샴푸, 린스, 바디워시, 로션, 스킨, 크림 등 화장품 기본 라인을 갖출 수 있었다. 알맹상점을 열고 3개월이 지나자 다른 업체들이 화장품 샘플을 들고 찾아오기 시작했다. 리필 가게가 국내에서도 가능하다는 것을 증명한 것이다. 이후 화장품 대기업에서도 리필스테이션을 시작했다.

아쉽게도 전국에 제로웨이스트 가게가 150개 이상 생긴 지금도 화장품을 리필할 수 있는 곳은 10여 곳에 그친다. 맞춤형화장품 조제관리사 제도는 국내 화장품 리필을 가능하게 한 동시에 자격 증이 없는 가게의 장벽이 되기도 했다. 물론 관리를 하지 않는 것 보다 원칙과 가이드가 있는 게 낫다. 특히 가습기 살균제 사건을 겪은 나라에서 더 이상 생활 화학제품 사고가 나지 않게 단도리하 는 것은 너무나 중요하다. 하지만 동네마다 화장품 리필이 가능해 야 플라스틱 사용도 줄일 수 있다. 맞춤형화장품조제관리사 3회 시험 합격률은 7%였다. 그러니 작은 제로웨이스트 가게 주인은 자격증을 직접 따기도 힘들고 관리사를 고용하지도 못해 화장품 리필을 할 수 없었다.

식약처는 관리사만이 소분하도록 한 규정을 완화해 매장의 다 른 직원들도 소분 판매할 수 있게 시범운영에 들어갔다. 가장 큰 변화는 물로 씻어내는 일부 화장품에 한해 맞춤형화장품조제관 리사 없이 리필하는 매장 다섯 곳을 시범운영하게 된 것이다. 알 맹상점은 제로웨이스트 가게인 광주의 '카페이공'과 서울 중랑 구의 '보탬상점'과 함께 시범사업에 참여하고 있다.

처음에 리필스테이션을 꿈꿀 때는 알짜들과 돈만 있으면 될 줄 알았다. 하지만 그렇지 않았다. 경제학자 케인즈의 말처럼 변화가 힘든 것은 새로운 아이디어를 생각해내는 것보다 기존 틀에서 벗어나야 하기 때문이다. 새로운 아이디어는 여기저기 둥둥 떠다닌다. 하지만 구체적으로 새 아이디어를 실행하는 일은 관성을 깨부수는 에너지가 있어야 가능하다. 포장된 화장품이라는 기존 틀에서 벗어나 포장 없이 알맹이만 파는 위험을 감수하는 제조업체가 있었기에 화장품 리필이 시작됐다. 제로웨이스트 가게들은 소비자를 만나는 최말단의 소매점이다. 제로웨이스트 가게에 무포장 제품을 공급해주는 업체가 없다면, 제품에 스크래치가 나거나 사고가 염려된다고 포장된 제품만 공급한다면, 제대로 된 제로웨이스트는 불가능하다.

가게를 하면서 가장 난감할 때가 알맹이만 살 수 없고 이미 포장된 제품만 있는 경우다. 우리가 포장을 까서 팔아야 한다면 그건 반쪽짜리 제로웨이스트다. 화장품이 가장 첨예하게 무포장 제품을 찾기 어려운 경우였다. 화장품을 리필해서 팔겠다고 하면 기존 업체들은 십중팔구 장사 망하려고 작정했냐는 눈치였다. 화장품이야말로 손님이 리필을 꺼릴 제품군이고, 미생물 오염도 우려되고, 있어 보이는 포장용기 덕에 비싼 가격이 가능하다. 가게를 준비하면서 만난 세무사님도 시장에서 살아남지 못할 테니 개인 사업 말고 비영리단체를 차리라고 조언하셨다.

나는 시장에서 살아남는 가게를 만들고 싶었다. 자기 돈을 써서 리필하는 '동지'들을 만나고 좋은 일을 넘어 손님에게 사랑받는 가게가 되고 싶었다. 가게를 차려 돈을 많이 벌고 싶어서가 아니라 제로웨이스트가 사람들의 삶에 파고드는 것을 보고 싶었기 때문이다. 우리는 차라리 망할 바에야 잘 망해버리자고 화장품을 300킬로그램씩 사다 쟁였다. 망하면 자기 용기를 가져온 사람들에게 화장품을 퍼주고 문을 닫을 생각이었다. 그리고 맞춤형화장품조제관리사 없이 화장품을 리필해 파는 제도 개선에 본보기로 뛰어들었다. 이곳에서 사고가 터지지 않으면 자격증 없이도 누구나 씻어내는 화장품을 리필할 수 있는 시대가 열릴 것이라 희망에 부풀어 있다.

알맹상점을 연 지 약 2년이 지났다. 그동안 우리는 무탈하게 화장품을 용기 없이 알맹이만 판매하고 있다. 리필스테이션은 제로웨이스트를 실천하는 시민들, 쓰레기를 만든다는 죄책감 없이 쇼핑할 수 있는 가게들, 포장 없이 알맹이만 공급하는 생산자들이 함께 만든 변화다. 바야흐로 국내에도 제로웨이스트 생태계가 조그맣게 시작되고 있다.

플라스틱 없는 우리 마을 만들기
: 세제 소분 숍 알맹을 꿈꾸는 분들께

한 평의 공간과 쓰레기를 줄이고 싶은 마음만 있다면, 지금 동네에서 시작하세요. 테이블을 놓을 수 있는 가게와 쓰레기를 줄이고 싶은 마음이면 충분합니다. 숍앤숍 형태로 운영비를 줄이면서 동네 곳곳에 소분 숍이 생겨나길 바랍니다. 동네 미장원+화장품 소분 숍, 동네 슈퍼+탄산수 소분 숍, 동네 빨래방+세제 소분 숍 이렇게요.

» 제품 종류별 리필 관련 법규

소분 리필 가게 개업 전 확인 사항
• 매장이 용도 지역 내에서 영업이 가능한지 확인
• 건축물관리대장 상 제1종 근린생활시설 이상 혹은 판매시설인지 확인
가게를 계약하거나 인테리어 공사를 하시기 전 지자체 구청이나 군청 위생과 혹은 보건소에 아래의 영업신고가 가능한 공간인지 미리 문의하세요.

식품
「식품위생법」에 따르면 식품 또는 식품첨가물을 허가를 받지 아니하거

나 신고를 하지 아니하고 판매의 목적으로 포장을 뜯어 분할하여 판매(소분 판매)하는 것을 금지합니다. 전통시장의 경우 즉석판매제조·가공업으로 허가를 받았기 때문에 소분 판매가 가능한 것이지요. 식품을 소분 판매하기 위해서는 즉석판매제조·가공업으로 신고를 해야 합니다. 소분 판매 신고대상은 식품위생법상의 모든 식품 또는 식품첨가물을 말하되, 벌꿀은 예외입니다. 식품 중 어육제품, 특수용도식품(체중조절용 조제식품 제외), 통&병조림 제품, 레토르트식품, 전분, 장류 및 식초는 소분 판매하면 안 됩니다.

하지만 곡물, 잡곡 등의 농수산물, 농수산물을 자르거나 껍질을 벗기거나 말리거나 소금에 절이거나 숙성하거나 단순히 가열하는 경우 신고하지 않고 소분 판매가 가능합니다. 예를 들어 곡물은 1차 농수산물이므로 사업자등록증에 양곡 소분업으로 등록만 하면 됩니다.

화장품

「화장품관리법」에 따라 맞춤형화장품조제관리사를 통하여 판매하는 맞춤형화장품 판매업자를 제외하고 화장품의 용기에 내용물을 나누어 판매하거나 무료로 나눠주시면 안 됩니다. 화장품 소분 숍을 하고 싶다면 맞춤형화장품판매업으로 식품의약품안전처장에게 신고해야 하고, 법에 따라 맞춤형화장품의 혼합·소분 업무에 종사하는 자(맞춤형화장품조제관리사)를 두어야 합니다.

세제

2022년 「생활화학제품 및 살생물제의 안전관리에 관한 법률(이하, 화학제품안전법)」에 따라 안전확인대상생활화학제품(화학제품안전법 상의 생활화학제품)의 소분·리필 제도가 생깁니다. 소분·리필 대상은 안전기준 적합 확인 및 신고를 이행한 안전확인대상생활화학제품으로 등록된 제품입니다. 소분·리필 판매자는 화학제품관리시스템에 등록해 소분 판매할 제품의 정보를 기재하고 판매 신청을 하면 신고증명서가 발급됩니다.

이때 제품명, 업체명 및 제조연월일 등 원 제품에 적힌 표시사항을 표시해야 하며 용량과 소분일자를 추가 기재합니다. 또한 세제 성분의 변질을 방지하기 위해 고밀도 폴리에틸렌(HDPE) 재질의 용기에만 소분·리필해야 합니다. 어린이 안전마개 캡을 씌워야 하거나 살생 성분이 있는 제품은 소분 판매가 금지됩니다.

» 리필의 효과

소분 숍에서는 새로운 플라스틱 용기를 사용하지 않습니다. 한 번 쓰고 버리는 용기 대신 자기 용기나 다른 사람이 기증한 사용 후 용기를 사용합니다. 재사용 용기에 원하는 알맹이만 담아가므로 애초에 쓰레기 자체가 나오지 않아요. 재사용은 재활용보다 더 가치 있는 자원순환 실천입니다.

대용량 벌크 통의 경우 가장 좋은 방법은 사용한 대용량 벌크 통을 제조 업체에 보내 그 통을 다시 사용하는 것입니다. 하지만 택배비, 소독과 세척의 문제 등으로 현실적으로 그런 업체를 찾는 것이 쉽지 않습니다. 대용량 벌크 통은 재사용하지 않고 분리배출로 내놓아도 작은 플라스틱에 비해 크기가 커서 재활용이 잘 되는 편입니다.

작은 플라스틱에 비해 대용량 벌크 통을 사용하는 것이 플라스틱 통을 줄이는 데 효과적입니다. 작은 플라스틱은 체면적이 넓고 그 체면적이 모두 플라스틱입니다. 따라서 벌크 통을 다시 재사용하지 못해도 작은 통 여러 개보다는 큰 벌크 통 하나를 쓰는 것이 플라스틱 사용량을 줄일 수 있답니다.

소분 숍의 또 다른 장점은 원하는 만큼 무게를 재서 구입할 수 있다는 점이에요. 1인 가구와 잘 맞고 공간 차지도 적습니다.

» 세제 소분 숍에 필요한 물건

- 영점 기능이 있는 전자저울(3킬로그램 이상 무게를 잴 수 있는 전자저울, 1그램씩 측정이 가능한 저울)
- 세제를 놓을 선반 : 공간에 따라 가로형 혹은 세로형 선반을 선택합니다. 대용량 벌크 세제 통이 무거우므로 무게를 지탱할 수 있는 선반과

테이블을 택합니다. 세로형 선반의 경우 대용량 벌크 통이 들어갈 수 있는 높이를 고려합니다.

- 대용량 액체 세제용 소분 밸브 혹은 펌프
- 받침용 접시 : 소분 후 소분 밸브에 고여 있는 세제 잔여물이 똑똑 떨어지기도 합니다. 밸브에 작은 접시를 받쳐두면 좋습니다.
- 가루나 열매(소프넛) 용기 : '곡물통', '쌀통', '쌀 보관통', '진열 용기', '바트(밧드)'로 검색하세요.
- 소분용 깔때기와 계량컵 : '스텐 깔때기' '스텐 계량컵'을 검색하시면 쉽게 구입하실 수 있어요. 구멍이 큰 깔때기는 젓갈이나 대형 깔때기로 검색하세요.
- 흘린 세제를 닦을 수 있는 타월이나 행주
- 스프레이 통에 담긴 소독용 알코올
- 무게를 적을 수 있는 마스킹 테이프와 펜
- 제품 표시사항 혹은 라벨
- 살균 건조기(전기 UV살균기 / 비전력 UVC 살균기)

» 리필하는 방법

1. 자기 용기를 가져오거나 가게에 비치된 재사용 용기를 사용합니다.

2. 용기가 깨끗한지, 용기 내부에 물기가 없는지 살피고, 비치된 소독용 알코올(에탄올)을 용기와 뚜껑 등에 골고루 뿌린 후 탁탁 털어서 말린 후 사용합니다.

3. 저울의 전원을 켭니다. '0'이 될 때까지 잠시 기다립니다.

4. 저울에 용기를 올린 후 '영점(용기)'을 눌러 무게를 '0'으로 맞춥니다.

5. 내용물(세제)을 담은 후 저울에 놓고 무게를 잽니다.

6. 무게를 적은 후 카운터에 가져가 계산합니다.

» 리필 재사용 용기 소비자 안내 사항

• 가급적 원래와 동일한 내용물을 담도록 해요. 세제 용기에는 세제, 식품 용기에는 식품, 화장품 용기에는 화장품, 이렇게요.

• 녹농균을 예방하기 위해 깨끗하게 세척한 후 완전히 건조된 용기만 사용해요.

• 소분·리필제품을 다른 용도로 사용하거나 다른 물질·제품과 혼합하지 마세요.

• 리필 전에 에탄올로 용기를 소독하면 좋아요.

한국형 제로웨이스트 가게를 만들어요, 알맹상점 본격 창업기

사장 해보실 분? 어쩌다 사장

나는 "우리도 가게가 있어야 해"라는 알짜들의 돌림노래를 "내가 빨리 죽어야지"라는 어르신들의 넋두리로 여겼다. 뼈마디가 시려도 이승에서 오래 살고 싶다는 반어적 표현처럼 우리가 아니더라도 리필 가게는 생기지 않을까.

당시 국내에는 제로웨이스트 가게가 있었지만 본격적으로 액체를 리필하는 곳은 없었다. 알짜들은 용기에 담아온 시장 먹거리를 나눠 먹으며 '근데 세제를 리필하는 가게는 도대체 왜 없어'라고 매일 말했다. 리필 가게가 없으므로 우리 스스로 세제, 로션, 스킨, 비누 등을 만들어 용기에 담아가는 워크숍을 열었다. 만날 때마다 용기를 바리바리 싸와 직접 만든 생활용품을 담아갔다. 쓰레기가 나오지 않게 콤부차를 만들겠다고 균체인 '스코비'를 분양

45

해 자기 용기에 담아가기도 했다. 오랫동안 알짜 모임이 지속된 이유는 오만 가지를 리필해 사용하고 나누는 즐거움 때문이다.

래교와 주은은 알짜 2기 모임에 빠지지 않고 열성적으로 참여했다. 주은은 인천 영종도에서 서울 망원동까지 편도 두 시간 거리를 마다치 않고 가장 먼저 도착해 기다리는 사람이었다. 그 전에 영양사로 일했는데 눈이 다쳐 일을 쉬면서 우연히 미니멀 라이프를 접했고 래교의 유튜브를 통해 제로웨이스트까지 관심이 넓어졌다. 막 결혼한 신혼으로, 배우자도 환경문제에 관심이 많아 같이 쓰레기를 줍는 등 환경 캠페인에 참여하고 있었다. 래교는 아이 둘을 키우며 제로웨이스트를 주제로 영상을 만드는 유튜브 크리에이터였다. 알짜들은 참 다양했다. 간호사, 편집자, 전업주부, 교사, 온라인 쇼핑몰 운영자, 촬영기사, 비건 셰프까지 본래 하는 일이 있었다. 그래서 뻔질나게 리필 가게 타령을 하면서도 정작 우리가 직접 가게를 차릴 생각은 하지 못했다.

하지만 무인 리필 가게에 용기를 들고 찾아오는 온 동네 제로웨이스트 실천러들을 만나며 공간에 빠져들었다. 고작 1평짜리 선반을 채우고 관리하는 데도 챙길 것이 얼마나 많은지, 카페엠 출근일에는 개미지옥에 빠진 것처럼 집에 쉬이 돌아가지를 못했다. 동시에 공간은 사람들을 끌어들이는 개미지옥의 매력덩어리이기도 했다. 10년 넘게 시민단체에 근무한 나로서는 제 발로 찾아오는 사람들 자체가 감동이었다. 사람들을 공익 활동에 끌어들이기는 늘 쉽지 않았다. '셀럽'의 홍보 없이 어떻게 사람들의 마음을 움직이고 관심과 참여를 불러일으킬지는 나에겐 평행우주처럼 미스터리였다.

고작 물건 몇 가지를 가져다놨을 뿐인데 사람들이 제 발로 찾아와 지갑을 열었다. 리필 가게를 시작하고서야 비로소 알 수 있었다. 제로웨이스트에 있어서 글로 설명하는 팸플릿은 '도를 아십니까' 식의 접근이다. 말도 꺼내기 전에 후다닥 피하게 만든다. 반면 물건이 있는 공간은 줄이 길게 서 있어 뭘 파는 거야 하고 궁금증 돋는 가게를 만든다. 나는 '망할 놈의 자본주의'를 우라지게 싫어했지만 사람들에게 거리낌 없이 다가가는 방법이 장사에 있었다. 시민단체에 제 발로 찾아가 무슨 활동을 하냐고 물어보기는 어렵다. 하지만 문을 연 가게에 들어가 이 물건 저 물건 고르며 뭐냐고 물어보기는 쉽다. 아아, 백문이 불여일견. 제로웨이스트 강연을 100번 듣는 것보다 리필을 한 번 해보는 것이 낫다. 물건이 알아서 사람들에게 말을 건네고 사람들은 다시 우리에게 말을 건넨다.

그러나 갑자기 카페엠 운영자가 바뀌고 인테리어 공사가 시작되면서 리필 가게 실험도 끝이 났다. 망원시장 캠페인으로 얼떨결에 열었으니 이만 문을 닫는 게 맞았다. 그러나 이미 나는 물건을 파는 영리 행위에 사회적 메시지를 끼워 파는 비영리성 '프로파간다'에 빠져버렸다. 착한 소비는 없고, 소비로 사회 문제를 제대로 해결할 수도 없다. 하지만 물건을 통해 많은 사람들에게 다가갈 수 있다. 한 사람의 완벽한 실천보다 모자르고 어설프고 가끔씩 자빠지는 100명의 실천이 사회적 물결을 만든다. 마음의 장벽을 허물어뜨리는 작은 물건을 타고 사람들의 일상에 착착 감겨들고 싶다. 집회의 '팔뚝질'에 리필 펌프질의 '팔뚝질'을 더하고 싶다. 말통 밑바닥에 깔린 내용물을 퍼올리기 위해 팔뚝살 떨리는 가열찬 펌프질을 해본 사람이야말로 제로웨이스트 '운동권'이다! 이 동지들과 함께 가겠다. (투쟁!)

우리의 아지트였던 카페엠이 갑자기 리모델링을 하면서 이 모든 활동을 접어야 하느냐 마느냐의 갈림길에 내몰렸다. 그때 상인들의 말이 떠올랐다. "직접 가게를 차리든가."

리필 가게를 기다리지 말고 우리가 직접 차리면 되는 일이었다. 돈도 없고 사업을 해본 경험도 없어서 망할까 두려웠다. 하지만 스티브 잡스도 태어날 때부터 사업가는 아니었지. 알짜를 모집했던 것처럼 알짜 멤버 중에서 사장을 하고 싶은 알짜를 모집했다. 환경 일로 우리 동네에서 먹고 사실 분, 리필 가게를 꿈꾸던 분, 이렇게 알짜 네 명이 모였다. '네 명이 돈을 모으면 월세는 안 밀리겠지'라는 마음으로 가게를 내기로 했다. 덕질 굿즈를 만드는 것처럼, 인도와 케냐로 떠났던 여행처럼 해보지 뭐, 정도의 가볍고 산뜻한 마음이었다.

알맹 캠페인에 열성이던 래교님이 신의 계시처럼 캐나다 1년 살기 계획을 접고 망원시장에 남겠다고 했다. 래교님은 가게 타령을 가장 많이 한 알짜였다. 그러나 알짜 모임 전부터 캐나다 이주를 준비해오던 차였다. 길어봤자 6개월이라고 생각한 알짜 모임이 1년이 되면서 결국 캐나다 행의 발목을 잡았다. 애들이 곧 입학하니 지금이 아니면 안 된다, 캐나다 밴쿠버의 맑은 공기를 마시고 싶다 등 캐나다에 가기로 한 수십 가지 이유를 내쳤다. 아이가 없는 나는 그 마음이 어떤 마음인지 잘 모른다. 아마도 내 식으로 변환하자면 10년 차 직장인이 10년 동안 모은 적금을 깨서 떠나기로 한 여행을 포기하고 주저앉는 것과 비슷하지 않을까. 래교님이 캐나다에 가지 않고 가게를 내자고 한 순간 나는 마음의 소리를 들었다. 쫄보인 나는 무서웠던 거다. 하고 싶지 않은 게 아니라 같이 하자고 나서줄 사람이 필요했구나.

　가장 멀리 살아도 가장 자주 망원시장에 들락거리던 은님과 원년 멤버 구슬님이 합류했다. 우리는 바로 가게를 내지 않고 2개월 동안 팝업 숍을 열기로 했다. 서로 호흡을 맞추고, 그동안 자주 못 만났던 손님들을 만나고, 알짜들과 쭈욱 해온 플라스틱 프리 워크숍을 다른 사람들에게 펼쳐보기로 했다. 리필 가게 실험에 나선 전국의 20여 가게 중 망원시장과 가까운 생태독립서점 '에코슬로우'에서 공간을 내주었다. 약 8평의 공간에는 환경 책과 각종 차, 그리고 테이블이 놓여 있었다.

우리는 카페엠에서 책방으로 스텐 빨대, 대나무 칫솔, 세제 등을 옮겼다. 3첩 밥상에 올라온 반찬 수 정도의 물건을 구비하고 사람들을 끌어들이고 만났다. 만들기 쉽지만 혼자 하기엔 번거롭거나 재료를 구하기 어려운 물건, 일회용 플라스틱을 대신하는 다회용 생활용품, 직접 만들면 돈이 절약되는 품목을 골랐다. 혼자서도 할 수 있게 가장 쉽고 간단한 레시피를 택했다. 고체 샴푸바, 치약, 만능 세제, 바디바 등을 만들고, 플라스틱 통에 들어 있지 않은 토종 팔쥐 딸기를 사서 딸기청을 담갔다. 에코슬로우는 갈 곳 없는 우리를 기꺼이 맞아주셨고 우리는 워크숍을 하고 에코슬로우 책도 팔며 가게를 함께 돌봤다. 2달 동안 로컬의 작은 가게와 예비 가게가 악어와 악어새처럼 서로를 이롭게 만들며 공존했다. 그때 만난 원년 손님들이 '찐 알맹러'가 되어 지금도 알맹상점에 오신다.

우리의, 우리에 의한, 우리를 위한 가게

상점을 열기로 한 알짜 4인방은 일주일에 하루씩 돌아가면서 팝업 숍을 운영하고 가게를 보러 다녔다. 이렇게 같이 했기에 주 3일

출근하던 환경단체 일을 계속할 수 있었다. 나는 당시에도, 지금도 플라스틱의 모태인 석유화학산업에서 나오는 유해물질에 반대하는 일을 하고 있다. 동네에서는 일회용 플라스틱을 거절하는 구체적인 대안을 만들고 환경단체에서는 유해물질을 규제할 제도를 모색한다. 하고 싶은 일에는 욕심을 잔뜩 부리는 스타일이라 그 어떤 것도 놓고 싶지 않았다. 비영리와 영리, 개인과 단체를 넘나드는 욕심을 지켜준 것은 바로 이 동료들이다. 내가 욕심껏 다른 일을 하는 사이 그들은 내 분신보다 더 멋지고 더 풍부하게 우리의 가게를 준비해나갔다. 여러 명의 사장이 있다는 것은 내 가게를 나만큼이나 끔찍이 여기는 타인들이 존재한다는 뜻이다.

흔히 친한 친구와는 동업이나 동거를 하지 말라고들 한다. 의가 상해 서로를 잃는 경우가 많기 때문이다. 무슨 배짱으로 돈이 걸린 사업을 같이 하냐는 걱정을 많이 들었다. 그때마다 나는 우리는 엄청 친한 사이도 아니고 서로를 잘 몰라서 오히려 괜찮다고, 망원시장에서 캠페인 하다 만난 사이라 제로웨이스트라는 공동의 목표가 있어서 괜찮다고 말하곤 했다. 사실 우리는 새 물건 하나를 들여도, 인스타그램 피드 하나를 올려도 말도 많고 시간도 오래 걸린다. 매사에 돌다리를 콩콩 두드리는 은님과 이것저것 재면서도 헐렁한 나와 '가즈아' 하고 달에 가 있는 래교님, 그리고 생각하고 또 생각하다가 지구 맨틀까지 파버린 구슬님이 모였다. 지구 맨틀에서 지표 찍고 달까지, 일을 성사시킬 수 없는 조합이랄까. 영양사, 활동가, 전업주부, 셰프로서 일했던 배경이 달라 일을 하는 방식과 속도가 달랐다. 단체의 중간 관리자로 10년 이상 조직 생활을 한 나는 실무의 역할 분담 없이 김치 양념 버무리듯 다 같이 섞여 일하는 방식에 적응을 못 해 한동안 헤맸다. 우리는 새벽 2시까지 단톡방이 시끄럽게 다투고 다음 날 같이 가게를 보러 다니고 또다시 새벽 2시까지 단톡방에서 이야기하고, 몇 달을 그렇게 보냈다.

그러다 구슬님의 탈퇴라는 위기가 왔다. 막상 시작해보니 본인의 길은 세제와 생활용품이 아니라 비건 음식에 있다는 결론을 내렸다고 했다. 비건 셰프라는 정체성에 맞게 식당을 내고 싶다고 해서 에코슬로우에서의 팝업 숍까지만 같이 하게 됐다. 손재주도 좋고 감각도 뛰어나서 인테리어는 구슬님께 맡길 작정이었는데 나만의 김칫국이었다. 남은 우리는 제로웨이스트 가게가 정말 하고 싶은 일인지 더 깊게 생각해보고 더 굳게 마음을 먹게 됐다. 정말 해보고 싶다, 망해도 좋으니까 가게를 열고 말겠다!

실제로 1년 후 구슬님은 자기 용기에 향신료와 밀키트를 담아가는 채식 커리 가게를 열었다. 더불어 여러 셰프를 모셔와 핫한 비건 먹거리 팝업 숍을 운영한다.

나 혼자 알맹상점을 열었다면 어땠을지 아찔하다. 비영리 마인드에 비주류 취향인 내가 사랑하던 가게는 어김없이 망하고는 했다. 내 눈에 들게 해서 미안하고 사랑하니까 놓아줘야 했다. 좋아하는 가게가 안정적으로 자리잡기 전에는 감히 좋아한다고 발설할 수 없었다. 그래서 알맹 캠페인을 하면서도 사업에 소질이 있는 사람이 리필 가게를 내주기를 기다렸고 직접 가게를 차릴 마음을 먹기까지 오래 걸렸다. 나는 오픈 후 거의 2년이 되어가는 이 시점까지 알맹상점이 망하지 않은 것은 오로지 공동창업 덕이라고 생각한다. 내가 처음 개설했던 알맹의 인스타그램 계정은 있으나 마나한 수준이었으나 래교님이 운영을 맡으면서 연예인 계정처럼 팔로워가 빨리 늘었다. 은님은 국내에서 제조되지 않는 제로웨이스트 물품을 직접 수입해 단가를 낮췄다.

공동사업은 소통과 조율이 힘들고 결정이 오래 걸려 단기적으로는 비효율적이다. 하지만 같은 방향을 바라보는 구성원이 자기를 낮추고 서로의 이야기를 듣는다면 한계를 뛰어넘어 1+1보다 더 강력한 시너지가 난다. 쓰레기를 만드는 묶음 포장에는 반대하지만 생명체의 묶음 포장인 협력은 참 멋진 일이다. 협력을 해야 한다는 당위적인 주장이 아니라, 장기적으로 협력은 경쟁을 이긴다. '다정한 것이 살아남는다'는 진화론의 명제처럼 나는 협력을 통해 내가 할 수 없는 일을 이뤄간다.

우리는 망원시장과 가까운 곳에 가게를 내기로 했다. 알맹 캠페인은 망원시장에서 장바구니를 대여하고 일회용품을 줄이자는 취지로 시작됐다. 알맹상점은 알맹@망원시장 캠페인의 계보를 잇고 알짜와 연결된 가게다. 또한 온라인이 아닌 오프라인 가게라 장소가 중요했다. 망원동 일대는 제로웨이스트에 가장 호의적인 '민지 세대(MZ 세대)'가 많은 곳이다. 제로웨이스트 소비자들이 관심 많은 비건 식당들이 꽤 있고, 대안적 실험이 일어나고, 시민단체가 많아서 활동가들이 드나들기도 좋았다. 무엇보다 모든 품목을 팔 수 없으니 품목을 나눌 수 있는 전통시장이 필요했다. 과일과 채소, 반찬 등의 먹거리는 전통시장이 맡아주시라. 우리는 '노오력'해도 알맹이만 살 수 없는 화장품, 세제, 생활용품에 집중하겠다. 망원시장에서는 먹거리를 리필하고 알맹상점에서는 세제와 화장품을 리필하면 나름의 대안이 되지 않을까.

실제 제로웨이스트를 지향하는 내가 그렇게 쇼핑할 작정이었다. 내게는 이 가게가 나의, 나에 의한, 나를 위한 사심 가득한 공간이다. 그러니까 이 가게는 '내 동네'에 내고 싶었다. 프랑스의 안 이달고 시장은 15분 거리 안에서 일상의 모든 필요가 충족되는 '15분 생활권'을 도시 정책으로 내걸었다. 나는 그의 말 한마디에 가슴이 설렜다. 자전거로 15분 안에 제로웨이스트 가게가 생기면 얼마나 좋을까. 마케팅 기법에 소비자 페르소나 인터뷰가 있다. 마케터가 대상으로 삼은 핵심 소비자의 인구 통계학적 특성과 소비 패턴을 분석해 소비자에 맞춰 사업의 틀을 짠다. 마케팅은 1도 모르지만 우리 가게의 소비자 페르소나는 잘 알 수 있을 것 같았다. 바로 내가 자전거에 용기를 바리바리 싣고 망원시장 찍고, 동네의 작은 가게들 찍고, 포장 없이 쇼핑하는 사람이기 때문이었다.

우리는 상권분석이니 마케팅 전략이니 재고 파악이니, 어차피 잘 하지도 못할 건 하지 않기로 했다. 나는 이를 잡스 스타일 '관심법 경영'이라고 명명했다. 잡스처럼 트렌드 분석하는 시간에 명상에 집중하여 떠오르는 영감을 쫓는달까. 잡스님처럼 큰 성공은 못하겠지만 이것만은 확실하다. 알맹상점은 쓰레기 덕질에 꽂힌 덕후의 편집 숍이다. 하지만 이 동네 부동산을 알아보니 시방 스티브 잡스 운운할 때가 아니었다.

작은 가게들의 응원으로 문을 열다

망원동은 이미 '망리단'으로 떠서 우리처럼 돈 없는 사람들이 가게를 내기에는 부담스러운 동네였다. 1층에 가게를 내려면 공간이 작아 대용량 세제만 놔도 비좁을 판이었다. 좀 깔끔하다 싶으면 천만 원 이상의 권리금이나 시설비가 따라붙었고, 허허벌판이라 천장부터 바닥까지 죄다 뜯어고쳐야 하는 곳은 그 이상 공사비가 들었다. 권리금이든 공사비든 둘 중 하나를 부담해야 했다.

나는 재고 구입비와 가게 보증금, 망해도 월세를 부담할 각오면 가게를 차릴 수 있다고 생각해왔다. 그러나 부동산은 나를 바닥에 들러붙은 껍딱지처럼 작아지게 만들었다. 과연 가게를 낼 수 있을까 현타가 왔을 때 구슬님이 인터넷의 방 구하기 카페에서 찾은 곳을 제안했다. 홍대 인근에서 활동하는 디자이너가 창고 겸 대관용 갤러리로 사용하는 공간이었다. 코로나 사태가 터지면서 대관이 줄어 공간을 셰어할 팀을 모집한다고 했다.

합정역과 망원역 사이 대로변 상가의 총 40평 중 20평을 재임대하는 조건이었다. 이미 대관용 갤러리로 사용하던 공간이라 권리금도 없고 공사할 필요도 없었다. 디자이너가 취향껏 꾸민 원목 공간에 냉장고, 에어컨, 청소기, 쓰레기통까지 풀옵션이었다. 매장 가구와 팔 물건, 그리고 몸만 들어가면 된다. 환경 책방이나 친환경 워크숍 등 환경을 주제로 공동사업을 할 경우 월세가 무려 50만 원이란다. 상상 그 이상의 '대박'이었다. 제로웨이스트 선녀님이 우리에게 이 공간을 점지해주신 것이 틀림없어! 그러나 알짜들과 지지고 볶는 것과 월세 때문에 공동사업을 급조하는 것은 확실히 달랐다. 월세가 시세의 30%밖에 안 되는 더할 나위 없는 조건이었지만 그와 우리는 '케미'가 맞지 않았다. 이미 자기 사업을 성공시켜본 디자이너는 사업보다는 덕질에 가까운 우리의 서투른 모습을 바꾸고 싶었을 것이다. 알맹을 마케팅에 좋은 영어 이름으로 바꾸자, 근무 복장규정을 두자는 제안에서부터 삐

거거렸다. 사업은 우리끼리 하는 게 맞았다. 결국 공동사업은 하지 않되 공간을 절반씩 공유하고 우리는 제 몫의 월세를 내기로 합의했다.

구슬님이 빠진 후 우리 셋은 얼마의 자금을 낼 수 있는지 터놓고 이야기했다. 상점이 망해도 계약기간 동안 월세는 내야 하므로 얼마까지 '떼울' 수 있을지 가늠해보았다. 나는 일하는 단체의 월급이 있어 40만 원까지는 부담할 수 있었다. 원래 덕질에는 돈이 드는 법이다. 쓰레기 덕질을 통해 돈을 벌면 기쁜 일이고, 못 벌더라도 행복하게 덕질의 대가를 감당할 수준이 40만 원이었다. 래교님과 은님도 그 정도까지는 감당하겠노라고 했다. 그렇다면 40만 원 곱하기 3, 월세의 한도는 120만 원이었다. 그런데 우리가 내야 할 월세는 약 150만 원이었다. 그래서 또 공유를 하기로 했다. 마침 알짜 멤버이자 쓰레기 줄이는 활동을 찍기 위해 케냐 여행을 함께 한 혜몽이 사무실을 찾고 있었다.

혜몽이 운영하는 '필름고모리'는 여성과 환경 이슈 영상을 만드는 곳으로, 「쓰레기 덕후 소셜클럽」 다큐멘터리를 준비하고 있었다. 작은 사업체끼리 뭉쳐 월세도 줄이고 내용적으로도 죽이 맞고 이보다 더 좋을 순 없었다. 파티션이 있는 구석 공간을 필름고모리가 사용하고 우리는 전면 공간을 쓰기로 했다. 공유를 통해 목표 액수보다 낮은 110만 원의 월세로 비교적 부담 없이 임대를 할 수 있었다. 동네 가게들이 맥없이 쓰러지던 코로나 시대에 작은 가게 세 곳이 한 공간을 창고, 가게, 사무실로 나눠 쓰고 살림을 공유한다. 필름고모리는 가장 가까이에서 알맹상점을 기록하고, 화장실 하수도가 막히고 수전이 고장날 때마다 해결해주는 알맹상점의 맥가이버로 도움을 주었다. 이렇게 알맹상점은 공유와 연결을 통해 시작을 내딛었다.

이상하고도 자유로운 상점의 경영법

알맹상점 창업 자금 약 4천만 원
- 가게 보증금 1천만 원
- 새 가구 제작비 500만 원
- 천장 팬, 간판 등 전기 설치비 200만 원
- 테이블, 의자, 그릇, 식기, 살균건조기, 선반, 전기 주전자 등 중고 물건 거래 앱, 폐기물 처리업체에서 매입한 중고기자재 구입비 200만 원
- 판매할 재고 물품 구입비 2천만 원
- 이사비, 행사비 등 기타 비용 100만 원

가게 보증금은 내 퇴직금에서 마련하고 나머지 비용 중 절반은 내 적금과 래교님 주식을 깨서 마련했다. 나머지 비용은 서울

시 도시전환 프로젝트로 조달했다. 6개월 동안 도시를 바꾸는 대안적 활동을 해보라는 씨앗 기금이었다. 프로젝트 기금이 있어 든든했고 비교적 가볍게 시작할 수 있었다. 하지만 한차례 지원 사업을 하며 우리는 피할 수 있다면 서류 일은 최대한 피하기로 굳게 결의했다. 공적 자금을 쓰는 일은 그만큼의 책임과 그보다 더 무거운 행정 작업을 요구한다. 세상에는 의미 있는 지원 사업이 많지만 우리 스타일은 아닌 것 같았다. 우리는 잘 하지도 못하고 하기도 싫은 서류 일을 끊어내기로 했다.

개인 사업은 기부를 못 받지만 그럼 기부를 안 받고 가게를 잘 운영해보지 뭐, 그동안 해온 것처럼 멋드러진 틀 없이 소박하고 작은 캠페인을 하면 되지, 라고 생각했다. 욕심을 버리고 규모는 작게, 우리가 할 수 있는 만큼 해본다. 사회적 기업이든 협동조합이든 비영리 법인이든 우리에게는 많은 서류 작업을 해낼 자신도, 시간도, 사무실도 없었다.

개인 사업이지만 사회적 가치를 실현하고 비영리 활동을 하지 말라는 법은 없다. 사업과 따로 노는 기부를 통한 공익활동이 아니라, 사업 자체로 환경책임경영(ESG)을 실현해버리겠어! 본사 직원에게 파도가 칠 때는 서핑하러 나가라는 '파타고니아'의 사업 목표는 돈 벌어서 좋은 일 하는 게 아니다. 사업은 지구를 살리는 일의 수단이다. 나는 상점의 목표를 국내 제로웨이스트계의 파타고니아라고 혼자서 생각해왔다. 파타고니아 님, 미안해….

언젠가 사업의 규모가 커지거나 위기가 닥치면 제 몸에 맞는 형식을 갖추거나 지원 사업에 공모할 때가 올 것이다. 하지만 그 전까지는 개인 사업으로 최대한 자유롭게 운영할 생각이다.

가끔 알맹상점 단톡방에는 상점 짐을 옮기는 데 택시비 만오천 원을 써도 되냐는 내용이 올라온다. '사장님들아, 우리 그런 것 좀 물어보지 말래?' 하면서도 스스로 눈치를 챙기게 된다. 만약 내가 알맹상점에서 이상한 짓을 하면 다른 사장님들이 가만두지 않겠구나 하는 감이 온다. 지출결의서는 쓰지 않아도 서로가 서로를 검증하는 공동운영이 우리의 사업 감사다. 우리의 사업비 통장은 멤버가 내역을 모두 볼 수 있는 '모임 통장'이다.

필요한 자금을 모으는 방식도 일반적이지는 않았다. 우리의 투자 원칙은 두 가지다. 첫 번째, 상점이 망해서 사업 자금이 사라져도 인생이 흔들리지 않을 만큼만 투자한다. 즉, 돈에 있어서 무리하지 않는다. 두 번째, 필요 경비는 똑같이 나누지 않고 낼 수 있는 만큼씩 낸다. 대신 공짜는 없다. 알맹상점에 투자한 자본금은 24개월에 걸쳐 3%의 고정금리를 더해 갚기로 했다. 우리는 필요한 만큼 가능한 사람이 자원을 내놓는 공산주의 스타일로 사업을 짰다. 별 문제는 없었다. 나중에야 수익에는 15%의 소득세가 붙는다는 사실을 알게 되었다. 즉 투입한 자본금이 높으면 지분도 높아지고 그에 따라 내야 할 소득세도 많아진다. 하지만 우리는 투자금에 따른 수익 배분을 하지 않고 실제 일한 노동시간에 비례하게 사장들의 임금을 책정한다. 각자 쏟아 부은 자금은 사업을 해서 갚아가되, 더 많이 투자한 사람이 더 많은 수익을 가져가지 않는다. 즉 더 많이 투자해도 실제 노동을 하지 않으면 투자자의 수익도 늘어나지 않는다. 우리의 계산은 투자금에 비례해 수익이 배분되는 자본주의 세상의 계산과는 맞지 않는다. 결국 투자를 더 한 탓에(?) 더 내야 하는 소득세 중 일부는 상점에서 지원하기로 했다.

알맹상점의 물건 간택 기준

공간을 정하고 돈 문제에 합의한 후부터는 일사천리였다. 이미 세팅된 공간이라 큰 공사를 할 필요가 없었다. '당근마켓'과 '중고나라'를 통해 살림살이를 구하러 다녔다. 20리터의 무거운 벌크 통을 올려도 선반이 휘지 않도록 메인 가구만 따로 제작했다. 그 외 테이블, 살균 건조기, 식기류, 전기 주전자 등 알맹상점 살림의 8할은 중고로 구입하거나 무료로 나눔 받은 물건들이다. 세상에 어쩜 싸고 좋은 중고 물건이 이렇게 많은지, 물건 픽업하러 다닐 시간이 부족한 것이 원통할 뿐이었다. 상점에 들일 물건은 실제 우리가 애용하는 제품으로 뽑았다. 제로웨이스트 덕후인 세명의 인간이 찜해둔 제품 후보군이 차고 넘쳤다. 나로 말하자면 집에 밀랍 랩이 있는데 왜 실리콘 랩을 또 사냐, 스텐 젓가락이 있는데 꼭 옻칠 식기가 필요하냐며 그간 누름돌로 눌러왔던 지름신이 폭발했다. 그처럼 많은 택배를 받은 적은 처음이었다. 서로 고른 물건이 많아 우리는 셋 모두 동의한 물건만 입고하기로 했다.

우리는 각자 간택한 물건의 변호인단이 되어 왜 이 물건이 정녕 필요한지 서로를 설득하고 방어했다. 래교님은 비싸도 질 좋은 물건을 제시하는 '고렴이' 파, 나는 제로웨이스트는 왜 이토록 비싼가 울부짖으며 싸고 양 많은 제품을 들이미는 '저렴이' 파였다. 고집 세고 기 센 두 언니의 격돌을 중재하는 사람은 차분하고 꼼꼼한 은님의 역할이었다. 우리는 결국 서로 다른 취향을 반영해 다양한 물건을 주르륵 나열하기로 했다. 이태리산 동물복지 염소 수염 바디 브러시와 국산 삼베 샤워 타월과 중국산 돈모 브러시가 나란히 있는 식이다. 국내산 친환경 제품에는 되도록 해외 제품보다 낮은 마진을 붙여 좀 더 잘 팔리도록 가격을 책정했다. 우리는 이렇게 물건 하나를 들일 때도 싸우고 지지고 볶으며 우리가 사랑하는 물건으로 상점을 채워갔다.

이 과정에서 자연스레 물건 고르는 기준이 생겼다. 플라스틱 프리 마스카라, 재활용 섬유로 짠 스타킹, 미세플라스틱 방지 세탁망 등 세상에는 이미 '신박한' 제로웨이스트 제품이 많다. 하지만 당시 국내에 수입되지 않거나 소매로 들이기에 비싼 제품은 포기했다.

두 번째 기준은 일회용인지 아닌지의 여부였다. 목재, 종이, 천연섬유 등 플라스틱 프리 소재라도 한 번 쓰고 버리는 일회용품은 들이지 않는다. 예를 들어 유기농 면으로 만든 일회용 생리대, 반려동물용 생분해성 배변 봉투, 종이 빨대 등은 상점에서 판매하지 않기로 했다. 일회용 생리대 대신 빨아 쓰는 면 생리대, 생리컵, 생리팬티를 판매하고, 배변 봉투 대신 물로 세척하는 배변 패드를 놓았다. 종이 빨대 대신 여러 번 사용하는 스텐, 유리, 대나무, 실리콘 빨대를 들였다. 반대로 플라스틱이지만 수십 번 사용할 수 있고 일회용을 대체하는 제품은 환영한다. 플라스틱 박스에 든 실리콘 면봉, 플라스틱 뚜껑이 달린 접이식 실리콘 용기 등이다. 우리가 쓰레기통에 처넣고 싶은 것은 한 번 쓰고 버리는 일회용 문화다. 우리에게 친환경 일회용이란 쓰레기 줍기를 하면서 사용하는 새 비닐장갑과 일회용 봉투처럼 '난센스'였다.

세 번째 기준은 유통과정에서 쓰레기가 나오지 않는 물건이다. 이 시대의 개별 비닐 포장은 코로나 시대의 마스크와 같다. 마스크를 쓰지 않고 사회로 나갈 수 없는 것처럼 포장 없는 물건은 사회적으로 유통되지 못한다. 귀걸이 하나도, 스티커 한 개도 투명한 비닐에 포장돼 있다. 판매자는 물건에 상처가 나지 않아 좋고 구매자는 먼지 타지 않고 새 상태 그대로 보관할 수 있어서 좋다. 그런데 우리가 고른 제품은 이와 정반대의 알맹이만 있는 물건이다. 제로웨이스트 물건에는 플라스틱 대신 실리콘, 스텐, 천

소재로 된 제품이 많다. 실리콘은 자석처럼 먼지가 달라붙어서, 스텐은 스텐끼리 상처를 내서, 천은 오염되기 쉬워 묻지도 따지지도 않고 개별 비닐 포장을 한다. 이렇게 포장된 상태로 수입되거나 출고된 제품은 우리 선에서 쓰레기를 줄일 방법이 없다.

스텐 빨대 100개를 샀더니 빨대가 한 개씩 개별 포장돼 있었다. 코로나로 방역이 강화되자 동물성 제품인 양모볼에 비닐 포장이 추가됐다. 이왕 이렇게 된 거 위선 떨어서 무슨 소용이냐며 포장된 상태로 매대에 올려두면 우리 손님들은 기겁을 했다. 우리는 포장 때문에 제품을 반품시키며 새 제품을 들일 때마다 업체에 개별 포장 여부를 확인하게 됐다. 비닐 포장을 하지 말라고 요청하면 이미 포장된 제품을 까서 보내주는지, 실제 포장지를 안 쓰는지 확인했다. 포장재를 빼서 물건이 상처가 나면 반품하지 않고 모두 매입하겠다고 보장했다. 그럼에도 무포장 거래가 가능한 곳은 직접 물건을 만들어 팔거나 소량으로 판매하는 작은 업체들 위주였다.

서로가 서로를 먹여 살리는
제로웨이스트 생태계의 탄생

이때 생겨나기 시작한 다양한 제로웨이스트 업체들이 큰 힘이 되었다. 그들은 이심전심이라 우리 뜻을 척척 알았다. 제품에 포장을 안 할뿐더러 재사용한 종이박스에 신문지를 구겨 넣어 완충재로 썼고 박스에서 뜯지 않아도 박스가 재활용되는 종이테이프를 사용했다. 이 한 줌의 사람들만이 세상의 유통 관행에 역행해 서로가 서로를 먹여 살리고 있었다. 또한 국내에서 생산하는 실리콘 제품은 미리 주문을 하면 공장에서 포장을 건너뛸 수 있었다. 실리콘 물약병, 실리콘 빨대, 실리콘 랩 등 시중에서 개별 포장 없이 팔지 않는 제품들이 고스란히 알맹이만 들어왔다. 국내에서 제작하지 않거나 무포장 제품을 찾기 힘든 경우 직접 수입해서 포장을 없애나갔다. 빨대 세척솔, 대나무 칫솔, 스텐 칫솔 거치대 등은 비닐과 종이 포장 없이 알맹이만 수입했다.

어렵게 무포장 제품을 찾아도 최소 수량이 어마어마하다는 문제가 남았다. 박스를 뜻하는 카툰으로 주문을 해야 하는데, 라면 박스 크기의 상자에는 실리콘 빨대가 1천 개쯤 들어간다. 외국에서 수입해도, 국내 공장에 주문해도 창고형 매장처럼 엄청나게 사 쟁여야 포장 없는 제품을 주문할 수 있다. 포장 없는 제품은 따로 유통하기 어려워 '까다로운' 주문을 넣은 우리가 모든 주문 물량을 떠안아야 했다. 우리 혼자서는 도저히 팔 수 없는 양이었다. 다들 이런 과정을 거쳐 제로웨이스트 가게를 차릴 터였다. 바빠 죽겠는데 업체에 일일이 전화하고 엄청난 수량에 절망하겠지. 우리는 제로웨이스트 가게를 희망하는 쓰레기 덕후들이 무포장 제품을 조금씩 살 수 있는 사업자 전용 도매 쇼핑몰을 내기로 했다. 무포장 제품들을 도매로 소량씩 판매하고 알맹상점 혼자서는 팔 수 없는 양을 나눠서 해결한다.

우리는 처음부터 아예 온라인 쇼핑몰 생각이 없었다. 멀리 사시는 분들이 왜 온라인 쇼핑몰 없냐고 종종 물어보셨고, 주변에서는 온라인 판매 없이 요즘 세상에 어떻게 돈을 버냐고들 했다. 하지만 불특정 다수의 소비자에게 보내는 택배 배송에서 쓰레기를 만들지 않을 자신이 없었다. 무엇보다 덕후들이 재활용품과 빈 용기를 바리바리 싸들고 오는 '쓰레기 거점'이 되고 싶었다. 이곳 망원동이 아니라 제주도, 광주, 칠곡 등 각자의 동네에서 제로웨이스트 문화를 모아낼 곳들이 필요했다. 우리는 소비자용 온라인 쇼핑몰은 하지 않되 오프라인 제로웨이스트 사업자들만 이용할 수 있는 쇼핑몰을 개설했다. 우리가 개척한 무포장 제품을 소개하고 고체 치약, 샴푸바 등의 제로웨이스트 제품을 소량씩 판매하는 전용 도매몰이다. 제로웨이스트 가게 사장님들은 배송 과정에서 포장 없는 비누가 살짝 긁혀도, 신문지 완충재가 너덜너덜해도, 종이박스에 든 대나무 칫솔이 왜 무포장 칫솔보다 비싼지 설명하지 않아도 이해할 것이다. 또한 우리 상점이 그랬듯 다양한 물건을 조금씩만 살 수 있는 곳이 필요할 터였다.

제로웨이스트 가게에서 주문이 들어오면 알맹상점에 들어온 종이상자와 완충재를 모아놨다가 재사용한다. 우리는 도매몰 택배를 보낼 때 새 완충재나 새 종이박스를 한 번도 사용한 적이 없다. 이렇게 알맹상점 도매몰에서 만난 150여 곳의 제로웨이스트 가게들이 모여 '도모도모 모임'을 만들었다. 한 달에 한 번 온라인 회의를 열어 자원순환 수거 방법, 웹자보 만드는 방법, 디스펜서 구입처 등 직접 해봐서 아는 경험을 나눈다. 도모도모 모임 단톡방에서는 운영 노하우, 공동구매, 물건 리뷰와 업체 소개 등 각종 정보가 오고 간다. 또한 정부의 리필 규제, 탄소중립포인트제 적용 등 정책에 대한 의견도 나눈다. 서럽고 힘든 점을 토로하면 득달같이 위로해주는 따뜻한 공간이기도 하다. 그리고 작은 가게 혼자서는 할 수 없는 '브리타 어택', '화장품 어택' 등의 캠페인을 함께 진행하고 가게를 시민 참여 공간으로 만들어간다.

동네별 작은 제로웨이스트 가게들의 슬로우 비즈니스

이렇게 여러 활동을 하다 보니 황송하게도 알맹상점 지점을 내고 싶다는 제안을 종종 받는다. 프랜차이즈를 할 생각이 없냐는 뜻이다. 우리 가게 재고 파악도 못 하고 있는데 각 잡힌 체계를 갖춘 프랜차이즈는 무슨. 게다가 내가 직접 해봐서 아는데 알맹상점 콘셉트의 가게를 낼 경우 큰돈 벌기도 어렵고 제대로 운영하기도 어렵다. 알맹상점은 실리콘, 원두 가루, 우유팩, 병뚜껑 등을 모아 재활용하는데, 이를 설명하고 분류하고 보관하고 배송하는 과정마다 켜켜이 비용이 발생한다. 재활용되지 않는 자원을 수거해 재활용시키는 우리 동네 회수센터는 알맹상점의 존재 이유다. 얼마 전에는 카트리지를 재활용할 방법을 찾기 위해 폐카트리지 협회를 찾아갔는데 계속 설명해도 말이 헛돌았다. 알고 보니 시키지도 않은 폐카트리지를 자기 돈 들여 수거하려고 찾아다니는 가게를 상상할 수 없기 때문이었다.

사실 리필 가게는 회전율이 느린 슬로우 비즈니스 모델이다.

1. 용기를 가져왔다면 구입할 물품에 맞는 용기를 매치시키고, 가져오지 않았다면 상점에 비치된 빈 용기 중 적당한 것을 고른다.
2. 살균기에 용기를 넣거나 용기에 알코올을 뿌려 닦는다.
3. 빈 용기의 무게를 재고 펌프질 해서 알맹이를 담은 후 용기를 뺀 알맹이의 무게를 잰다.
4. 측정한 무게를 종이에 적거나 그 무게에 단가를 곱해 가격을 계산한다.
5. 유통기한, 제조업체, 유의사항 등 제품 표시사항을 확인하고 기록한다.

헉헉. 이렇게 다섯 단계를 거쳐야 비로소 한 제품의 리필이 끝난다. 포장된 물건을 고르는 일이 대한해협급이라면 내용물을 리필하는 일은 태평양급이다. 손님이 바글바글해도 회전율이 낮아 수익률은 높지 않다. 그래서 다국적 자원순환 기업인 '테라사이클'의 재사용 모델도 개인이 직접 리필하지 않고 이미 다회용기에 담긴 재료를 팔고 나중에 용기를 반납하는 형태다. 한 대당 4천만 원에 육박하는 자동 리필 기계도 이 복잡한 과정을 좀 더 쉽고 빠르게 하기 위해서다. 허나 반대로 생각하면 바로 이 지점이 직접 리필하는 가게의 매력 포인트다. 리필 가게는 오프라인 쇼핑의 장점을 최대한 우려낼 수 있다. 손님이 가게에 오래 머물기 때문에 상점과 손님의 '케미'가 쫀쫀하다. 회전율이 낮다는 것은 서로 이야기를 나눌 접점이 많다는 뜻이기도 하다. 리필은 일종의 구독 서비스라 그 동네 사람이 오고 또 오게 된다. 펌프질이 팔이 아프고 귀찮은 사람도 있지만 몸을 움직여 스스로 필요한 물건을 채우는 경험 자체가 즐거운 사람도 있다. 알맹상점을 이용하는 손님들은 슬리퍼를 신고 알맹상점에 갈 수 있는 권역을 '알세권'이라고 일컫고, 스스로를 알맹러로 칭한다.

그래서 우리는 제로웨이스트의 매력에 빠져 가게를 하지 않으면 근질근질 덕심이 폭발하는 사람들이 가게를 차리면 좋겠다고 생각했다. 프랜차이즈 본사가 세팅해놓은 길이 아니라 '쓰레기 덕력'을 발휘해 자신만의 가게를 차려야 손은 많이 가고 수익률은 낮은 이 사랑스러운 말썽꾸러기 사업을 지속할 수 있을 것이다.

래교님과 은님은 알맹상점을 시작할 때부터 동네마다 제로웨이스트 가게가 생기는 것을 꿈꿨다. 어쩌면 알맹상점의 프랜차이즈를 통해 그 꿈에 좀 더 쉽게 다가갈 수도 있었을 것이다. 하지만 자기 취향과 로컬의 특색을 살린 다양한 가게들, 조금씩 다른 결을 가져서 주인장의 취향에 빙그레 웃을 수 있는 제각각의 제로웨이스트 가게를 구경하고 싶다. 결국 우리는 프랜차이즈 사업은 하지 않기로 했다. 대신 사업 설명회를 개최해 몸으로 겪은 실제 수익과 운영 노하우를 알린다. 또한 가게를 시작하는 사람들이 좀 더 쉽게 소량의 무포장 제품을 구할 수 있도록 도매몰을 운영한다.

이것은 바로 동네의 셀프 그린뉴딜

나는 요즘 가게를 일주일에 한 번 정도 나간다. 알맹상점 매니저들은 주 2일에서 주 5일까지 원하는 날짜를 정해서 일한다. 매니저의 8할은 망원시장에서 알맹 캠페인을 함께한 알짜들이라 누구보다도 알맹상점을 잘 알고 좋아한다. 밤마다 빈 용기를 씻고 열탕 소독하고 회수용품을 패킹하고 20킬로그램짜리 벌크 통을 연달아 옮기는 '빡센' 노동의 의미를 이해한다. 풀타임으로 일하는 대신 협동조합을 꾸리거나 공동체 정원 만들기를 하거나 음악 활동을 하는 등 다른 일을 함께 하는 매니저가 많다.

알맹상점에서 판매하는 삼베 수세미, 인센스 홀더, 소창 천 제품을 만들어 납품하는 제작형 알짜들도 있다. 처음보다 가게에 자주 있지 않으니 가끔 '성공한 사장이라 가게에 더는 안 오느냐'는 질문을 받기도 한다. 가게에 나가지 않는 날 나는 다른 제로웨이스트 가게와 일을 도모하고 아침마다 알짜들과 온라인에 모여 환경책 읽기를 하고 환경단체에 출근하며, 사장이 아닌 다른 나로 살아간다. 큰 틀에서는 알맹상점의 맥락과 맞닿아 있는 일을 한다.

알맹상점 매니저에게는 파트타임이든 풀타임이든 서울시 생활임금 수준의 시급과 4대 보험과 퇴직금이 적용된다. 생활임금은 그 지역의 가계지출, 주거비, 교육비, 물가수준 등 지역 특성을 고려해 실제 생활이 가능한 임금으로, 최저임금보다 10~20% 정도 높다. 어떤 지원 없이도 가게의 수익만으로 생활임금을 꼬박꼬박 감당하고 싶다. 수명이 짧은 골목상권 안에서 지금까지 우리는 이 기준을 지켜왔다.

작은 가게인 우리가 산업 체계를 바꾸고 대대적인 일자리를 만드는 그린뉴딜을 할 수는 없다. 하지만 감히 우리가 꾸던 꿈을 동네에 구현해 적당히 벌고 잘 살아보려는 '셀프 그린뉴딜' 중이라고 말하고 싶다. 알맹상점은 우리가 필요하다고 부르짖던 가게였고 동네에서 이런 일로 생계를 꾸리고 싶다던, 함께 꾸는 꿈이었다. 나는 가끔 일들이 빚쟁이처럼 쫓아와 미쳐버릴 것 같을 때 (이 원고는 마감일을 1년 넘겼다…), 새벽까지 상점 일을 할 때, 은님이 '환경' 일로 먹고살고 싶다고 고백하던 순간을 떠올린다. 그 말은 내게 최선을 다하게 했다. 알맹상점에는 생계를 환경 일로 전환해 스스로의 삶을 바꿔내는 개인들의 삶이 담겨 있다.

이제 내 꿈은 아흔넷의 연세에 「전국노래자랑」을 진행한 경력 60년 차의 송해 선생처럼 오래도록 현장에 남아 설거지를 하는 것이다. 우리 엄마가 사랑하는 「전국노래자랑」처럼 오래오래 알맹의 활동을 이어가고 싶다. 여기 망원동에서 동네 셀프 그린뉴딜이 시행 중이다.

제로웨이스트 가게 & 리필스테이션을 꿈꾸는 분들을 위한 안내서

가게를 내고 싶다면 우선 다른 제로웨이스트 가게 탐방을 해보시면서 어떤 가게를 롤 모델로 삼을지, 오픈할 가게의 특징이 무엇일지, 어떤 방향으로 운영할지 생각해보세요. 주 목적이 수익 창출 비즈니스인지, 캠페인과 자원순환이 중요한 공익성 공간인지, 교육과 체험 워크숍이 강조되는 공방인지 여러 곳을 참고하셔서 방향을 정하는 것이 좋습니다.

비즈니스가 주 목적이라면 온라인 쇼핑몰 운영과 자체 상품 제작을 권합니다. 대표적으로 인터넷 쇼핑몰이 알려져 있고 고체 치약을 제작한 '지구숍'을 들 수 있습니다. 캠페인과 자원순환이 주 목적이라면 마을 풀뿌리 활동가들이 되살림 가게를 인수해 제로웨이스트 공간으로 확장하고 협동조합형으로 운영하는 서울 중랑구 보탬상점이 있습니다. 제로웨이스트 가게 중 여러 업체가 사회적 기업, 사회적 협동조합, 비영리단체로 운영되고 있습니다. 이 경우 지역 내 커뮤니티 활동이나 네트워크에 공을 들여야 합니다. 대구의 '더쓸모'처럼 재활용 워크숍 공간이나 서울의 '북촌감성'처럼 패브릭 공방에 제로웨이스트 제품을 추가할 수도 있습니다. 이 경우 플라스틱 프리 워크숍을 정기적으로 여는 것도 좋겠습니다. 양곡상회와 연결되어 곡물 소분에 강한 전주의 '늘미곡', 비건 카페를 겸업해 다양한 비건 식재료를 갖춘 대구의 '더커먼' 등 관심이 많거나 잘 할 수 있는 아이템으로 특색 있는 상점을 만드시면 어떨까요. 예를 들어 다양한 화장품 재료를 소분하거나 포장이 많은 문구류와 소품의 대안으로 디자이너의 무포장 제품을 내세울 수 있습니다.

아래에 창업 워크숍에서 가장 많이 받은 질문들을 정리해두겠습니다.

제로웨이스트 가게 오픈 시 어떤 업종이나 업태로 신고해야 할까요?

부동산 거래 시 근린생활시설로 기재된 곳을 선택하세요. 그래야 휴게음식점, 화장품판매업, 즉석판매제조·가공업 등으로 업종을 신고하실 수 있습니다. 업태는 기본적으로 도매업 및 소매업으로 내고 종목은 잡화, 친환경물품 판매, 화장품과 비누, 방향제 소매업 등으로 신고하세요. 교육이나 상담을 하신다면 업태는 교육서비스업, 종목은 환경관련교육을 추가하셔도 좋습니다. 상점과 카페를 같이 낸다면 휴게음식점이나 일반음식점도 함께 신고하세요.

휴게음식점, 즉석판매제조·가공업의 경우 건강진단결과서(보건증)과 위생교육필증을 구비해야 하고, 매장과 구분된 주방시설이 필요합니다. 식품은 즉석판매제조·가공업, 곡물은 양곡소분업, 화장품은 화장품과 비누, 방향제 소매업으로 신고합니다. 단, 한 공간에서 맞춤형화장품판매업과 즉석판매제조·가공업을 동시에 받기 위해서는 공간 분리가 필요합니다. 칸막이나 가림막을 설치하시고 식품과 화장품 매대가 따로 구분되도록 배치하세요. 맞춤형화장품판매의 경우 화장품 상담을 할 수 있는 테이블이 놓인 독립된 공간이 필요합니다.

즉석식품제조·가공업으로 등록한 상점에서는 원두, 차, 건조식품뿐 아니라 슈퍼마켓의 대용량 제품까지 모두 소분 판매가 가능합니다. 단, 아래 제품은 소분 판매가 금지되니 아래 제품군은 주의하세요.

1) 식품 : 통병조림제품, 레토르트식품, 냉동식품, 어육제품, 특수용도식품(체중조절용 조제식품 제외), 식초, 전분, 알가공품, 유가공품

– 어육제품 : 어묵, 연육, 어육소시지

– 특수용도식품 : 영아용 조제식, 성장기용 조제식, 영유아용 이유식, 임산수유부용식품

2) 식품첨가물 : 구연산, 기구 등의 살균소독제(에탄올제제, 치아염소산나트륨제제 등)

발사믹의 경우 식초가 아닌 소스로 분류되는 산도 4% 이하의 제품만 소분 가능합니다. 이때 소분하실 가공식품의 경우 식품제조업 허가를 받은 업체에서 제조된 제품 혹은 수입식품 등 수입 판매업 영업자가 수입 판매한 수입식품을 소분 판매하실 수 있습니다.

휴게음식점을 겸한 경우 식품제조업 허가를 받지 않은 즉석식품제조가공업체에서 제조한 제품을 가져와 소스나 토핑을 가미해 '새 메뉴'로 만들어야만 판매하실 수 있습니다. 현재 알맹상점 서울역점에서는 비건 요거트에 토핑을 가해 카페 메뉴로 소분 판매합니다. 가공식품이 아닌 농산물 등의 1차 식품은 이에 상관없이 소분 판매 가능합니다. 곡물 등의 소

분은 도소매업 중 양곡소분업으로 등록하실 수 있고 까다롭지 않습니다.

상품의 마진율을 어느 정도로 잡아야 운영이 가능할까요?

오프라인 가게가 살아남으려면 최소 40%는 마진이 남아야 합니다. 오프라인 가게는 숨만 쉬어도 돈이 나가는 공간입니다. 부가세 10%, 소득세 15%, 카드수수료 3%만 더해도 감이 올 텐데요. 부가세를 넣어야 하는 이유는 사업자등록증이 없는 곳과 거래를 많이 하기 때문입니다. 소득세 역시 일반사업자의 매출에 따라 달라지기 때문에 작은 제로웨이스트 가게의 경우엔 계산에 포함하는 것이 좋습니다. 가게 월세, 인건비, 대출 등을 생각하면 마진 30% 선은 사실상 마이너스입니다. 또한 리필의 경우 말통 아랫부분에 잔재가 남고 소분 과정에서 새거나 흘리는 등 로스가 발생하는 것도 고려해야 합니다.

두 배 이상 붙여 파는 유통업체들은 순 도둑이라고 생각했는데, 막상 장사를 해보니 이해가 가더라고요. 특히 오픈 후 초기 약 6개월간 버는 돈보다 쓰는 돈이 많을 수 있어요. 초보 장사꾼인 저는 장사가 되는데 왜 가게에 돈이 없는지 이해가 안 갔는데 지인이 6개월이 지나야 가게 통장에 돈이 쌓이기 시작한다고 조언해주셔서 안심했어요. 실제 6개월이 지나자 가게 통장에 쌓인 돈으로 물품 대금을 치를 수 있었습니다.

이처럼 마진을 높게 잡아야 할 이유들이 있습니다. 하지만 동일한 제품의 온라인 소매가보다 비싸도 소비자의 외면을 받습니다. 온라인의 평균 소비자가에 택배비를 더한 가격보다 살짝 저렴하게 가격을 정하시기(제품가+1,500원 이하로 판매가 책정)를 권합니다.

더불어 리필 가게는 빈 용기 세척과 소독 등에 손이 많이 가고, 펌프를 매일 에탄올로 닦고 관리해야 합니다. 또한 쓰레기를 수거하는 자원순환회수센터를 운영할 경우 관리 인력과 공간비가 듭니다. 손 가는 일이 일반 소매점의 두 배 정도라고 생각하시면 됩니다.

화장품을 소분 판매하려면 맞춤형화장품조제관리사가 꼭 필요한가요?

영업장마다 한 명 이상의 맞춤형화장품조제관리사가 있어야 화장품 소분 판매가 가능합니다. 이런 이유로 화장품을 소분하는 매장이 늘지 않자 2022년부터 맞춤형화장품조제관리사가 없는 매장에서 물로 썻어내는 샴푸, 린스, 바디워시, 액체비누 4종에 한해 소분 판매하는 시범사업이 시작됐어요. 시범사업에서 사고가 생기지 않을 경우 2024년 이후 맞춤형화장품조제관리사 없는 모든 매장에서 위 네 종류의 화장품을 소분 판매할 수 있게 됩니다.

맞춤형화장품조제관리사가 있다면 어떤 화장품이든 판매 가능한가요?

모든 화장품 종류가 가능하지만, 화장품 책임판매업체와 계약해 들어온 화장품만 판매하실 수 있어요. 기능성 화장품의 경우 화장품을 공급하는 책임 판매업자가 식약처에 신고를 해야 합니다.

화장품이나 세제 등 벌크 제품을 들여올 때 고려할 사항은 무엇일까요?

대용량 벌크 통을 보내면 그 통에 내용물만 담아주실 수 있을지 여쭤보세요. 미생물 검사를 하고 용기를 재사용하는 업체들이 있습니다. 그리고 용기 재질 중 제품 내용물과 화학반응하는 재질을 확인하셔야 합니다. 세제나 화장품의 경우 고밀도 폴리에틸렌이 비교적 안전합니다. 알맹상점에서는 대용량 말통 재사용 시 용기를 보내는 비용을 부담하고 있습니다.

알맹상점에서 가장 많이 판매되는 물품의 종류가 궁금합니다.

알맹상점에서는 삼베, 마실, 수세미로 만든 다양한 수세미류, 리필제품(주로 세제와 화장품, 그리고 차), 다양한 비누, 대나무 칫솔과 고체 치약, 옻칠 식기류, 다회용 빨대, 밀랍 랩 등이 잘 나갑니다.

알맹상점 도매몰(almangmarket.co.kr)에는 제로웨이스트 기본 아이템과 잘 판매되는 물건을 올려두었습니다. 하지만 동네별로 잘 팔리는 제품 종류가 다를 거라고 생각합니다.

알맹상점은 손님이 많은 거 같은데 비결이 무엇인가요?

첫째, 다양한 가격대에 걸친 물건이 있어 취향껏 쇼핑할 수 있고, 여기저기서 구입하는 대신 한 번에 살 수 있기 때문이라고 생각합니다. 같은 종류의 물건도 저렴이와 고렴이를 골고루 갖추려 노력하고 선반이 허락하는 한 다양한 종류의 제품을 가져옵니다.

둘째, 화장품과 세제, 칫솔, 치약, 수세미처럼 생활필수품뿐 아니라 업사이클 재활용 제품, 인센스 스틱과 성냥, 비건 디퓨저, 스머지 스틱, 자투리 유리와 나무 반지 등 액세서리와 소품을 갖췄기 때문입니다. 손님들이 가게를 둘러보시면서 아 이런 물건이 있네, 신기하다, 귀엽다 등등 뻔하지 않은 재미를 느껴야 합니다.

셋째, 세련되지 않은(?) 인테리어에 손글씨의 느낌을 손님들이 편하게 느끼시는 것 같습니다. 범접할 수 없는 멋진 가게가 아니라서 오히려 부담 없이 만져보고 들었다 놨다 할 수 있는 것 같아요. 그리고 저희 역시 알맹상점의 정체성을 '제로웨이스트 체험과 컨시어지' 서비스로 생각해 손님들이 만지고 써보는 것을 권장합니다. 가끔 손님들께 필요 없는 제품은 사지 말라고 하거나 비싸니까 조금씩만 담으라고 써붙여 놓는데, '셀프 안티'라며 오히려 믿어주시는 것 같아요.

넷째, 새로운 제품이 비교적 자주 들어옵니다. 잘 팔릴지 안 팔릴지 모르겠지만, 우선 상점에 들여놓고 손님들 반응을 보며 정식 입고 여부를 결정합니다. 저희의 '촉'보다는 손님들의 '감'이 확실합니다. 알맹상점은 여러 번 방문한 손님들이 약 30% 정도라 또 둘러봐도 재미있다는 느낌을 드리고 싶어요.

알맹상점의 주 고객층이 궁금합니다.

서울 망원동에 위치한 알맹상점의 소비자는 20~30대 여성이 약 70% 이상입니다. 제로웨이스트 문화에 대한 호감도가 높은 MZ 세대의 여성들이 많습니다. 청소년 교육, 마을 기업, 시민단체 등에서도 종종 오시는 편이에요. 요즘은 제로웨이스트가 소문이 나면서 젊은 남자들과 40대 이상 분들의 방문도 늘고 있어요.

얼마가 있어야 가게를 차릴 수 있나요?

창업비용은 얼마나 다양한 물건을 입점하고, 어느 동네에서 시작할지, 어떤 인테리어를 할 것인지에 따라 너무 다릅니다. 특히 화장품을 벌크로 판매할 경우 화장품이 고가라 재고 구입비용이 높습니다.

필요한 비용이 정해져 있지 않으니 오히려 반대로 감당할 수 있는 선을 현실적으로 정하시면 어떨까요. 초기 6개월~1년은 장사가 안 될 수 있는 적자 기간이고 이후 동네에 자리잡는다고 생각해야 버틸 수 있습니다. 자본금이 많지 않다면 월세가 높고 유동인구가 많은 장소보다는 월세가 저렴하되 입소문과 커뮤니티 활동을 통해 자리잡는 것이 낫다고 생각합니다.

제로웨이스트와 리필 가게가 슈퍼마켓처럼 일반적인 가게가 아닌 만큼 대로변 1층에 있어도 쉽게 구매가 일어나지 않을 수 있어요. 목 좋은 자리에 열면 들어와서 보시는 분들은 많아질 수 있지만, 호기심에 둘러보기만 하고 나가실 수 있습니다. 자본금이 넉넉해 높은 월세를 충당하면서 안정적으로 자리잡힐 때까지 버틸 수 있다면 귓등으로 흘려주세요.

팝업 숍이나 숍인숍 등을 통해 가볍게 준비하시며 감을 잡아보시면 어떨까요. 인천 귤현동에는 100만 원으로 시작한 작은 제로웨이스트 상점 사례가 있습니다.

'그린오큐파이'라는 팀은 다마스 트럭으로 이동하는 제로웨이스트 가게를 운영했습니다. 2021년 4월 주말마다 홍대 연트럴 파크와 불광천에서 이동식 제로웨이스트 가게를 열었죠. 동네모임으로 플라스틱 프리 워크숍이나 캠페인을 해보며 같이 하실 분들을 찾아도 좋지 않을까요. 혼자 가게를 차리는 것보다 시간도 많이 걸리고 신경 쓸 것도 많지만 알맹상점처럼 시너지가 나기도 합니다.

인천 귤현동의 제로웨이스트 가게 안내서('유기농펑크'님 제작)

상품 표시사항을 손님에게 종이나 라벨로 전달하면 쓰레기가 될까 걱정입니다.

상품 표시사항은 중요합니다. 의약외품과 화장품, 세제 등의 경우 포장 제품에 기재된 표시사항을 손님께 제공해야 합니다. 그러나 표시사항이 인쇄된 스티커와 태그 등도 결국 쓰레기가 되므로 거절하는 손님도 많습니다. 요즘은 브랜드를 알면 인터넷으로 정보를 쉽게 찾을 수 있으니까요. 문자나 큐알코드, 메일 등 전자 문서로 보내드리기도 합니다.

스티커로 인쇄돼 누구나 가져갈 수 있는 표시사항을 비치하되, 동시에 사진을 찍을 수 있게 큰 표시사항과 QR 코드 등을 전시합니다. 알맹상점에서는 리필한 분들께는 용기에 '먹지 마세요, 용기 재사용'이라는 종이 테이프를 붙여드립니다. 이 종이테이프는 상점에서도 판매합니다.

홍보는 어떻게 하나요?

운영하는 가게가 있는 지역의 연령층을 파악해보세요. 알맹상점의 경우 MZ 세대가 많은 지역이라 SNS 선택 시 직관적으로 알릴 수 있는 인스타그램을 선택했어요. 페이스북, 트위터는 색이 강한 SNS라 좀 더 대중적인 채널이 다가가기 편하지 않을까 하는 생각도 했습니다. 블로그는 상점 내용 아카이빙용으로 사용하고 있습니다. 지역에 3040 주부들이 많다면 지역 온라인 카페 활동도 추천합니다.

제로웨이스트 가게는 어떤 효과가 있나요?

작은 제로웨이스트 가게라도 손님들이 소비하는 제품의 포장지와 유통과정상의 쓰레기를 줄이는 효과가 있습니다. 국내 생활폐기물 중 포장재가 약 30% 이상입니다. 제로웨이스트 가게는 이 일회용 포장재를 처음부터 안 쓰는 효과를 만들 수 있습니다.

유럽에서 제로웨이스트 가게를 조사한 보고서에 따르면 제로웨이스트 가게 한 곳당 해마다 약 1톤 가량의 포장 폐기물을 줄인 것으로 추정됩니다. 또한 2030년까지 1만 개의 신규 일자리를 창출하고 약 12억 유로의 상품 매출액을 달성할 것으로 예상됩니다. 제로웨이스트 가게를 통해 쓰레기를 줄이고 대신 새로운 일자리를 만든다는 뜻입니다.

알맹상점의 경우 2021년 망원점 한 곳에서만 세제와 화장품, 차와 원두 등의 리필을 통해 100밀리리터 크기의 용기 약 7만 5천 개의 사용을 줄였습니다. 또한 재활용이 어려운 일반팩, 커피 찌꺼기, 실리콘, 운동화 끈 등을 월마다 500킬로그램씩 수거해 재활용하는 곳으로 보냅니다. 연간 6톤이 넘는 양입니다. 2022년 4월 현재 여섯 명의 매니저가 일하고 있는데요. 알맹상점이 문을 열던 2020년 6월 한 명도 고용하지 않고 세 명의 사장들이 돌아가면서 근무하던 때에 비해 여섯 명의 일자리가 생긴 것입니다.

2

1호점 커뮤니티 자원회수센터, 2호점 일회용품 없는 비건 카페

_by 은

"상점에서 쓰레기를 받는다고?"

알맹상점을 찾아오시는 분들은 너도나도 양손 가득 쓰레기를 가지고 오신다. 손바닥보다 작은 플라스틱, 깨끗하게 세척해서 펼쳐 말린 종이팩(일반팩, 멸균팩), 커피 찌꺼기, 실리콘, 운동화 끈, 브리타 정수기의 폐필터, 크레용 등을 받고 있다. '쓰레기를 가지고 놀러오세요'라며 손님께 마지막 인사말을 건넨다. 일반 가게에서는 볼 수 없을 진귀한 풍경이다.

손님은 직접 가지고 온 쓰레기를 소재별, 색깔별로 분류한다. 재활용이 어려운 이유에 대해서 질문하시면 설명도 해드린다. 더나아가 쓰레기에 대한 문제를 풀어보실 수 있도록 자체적으로 퀴즈를 만들었다.

손님은 쓰레기를 잘 가지고 왔는지 상점 매니저님들에게 검사받는다. 그리고 알맹상점의 쓰레기 쿠폰에 하루 최대 4개까지 도장을 찍어드린다. 쿠폰에 12개의 도장을 모두 채우면 상점에서 구매한 플라스틱 프리 대나무 칫솔, 일반팩으로 재활용한 휴지, 플라스틱 병뚜껑으로 업사이클한 굿즈 등을 드린다.

알맹상점의 커뮤니티 자원회수센터는 단순히 쓰레기를 받는 공간이 아니다. 쓰레기가 될 수 있는 것을 신경 써서 관리한다면 자원이 될 수 있다는 것을 시민들에게 알리기 위한 공간이다. 일차적으로 깨끗하고 질 좋은 쓰레기를 모으기 위해 상점 매니저도, 시민들도 함께 노력한다. 이렇게 모아진 자원들은 필요한 곳과 재활용이나 재사용이 가능한 곳으로 보내고 있다.

잠자고 있던 에코백을 기부 받으면서 택배로도 받은 적이 있다. 들어오는 에코백이 너무 많고, 사용이 어려울 정도로 오염된 상태의 에코백을 받을 때도 있었다. 물론 깨끗한 것을 모아주시는 분들이 더 많아 지속해서 받을 수 있었지만, 더러운 에코백은 집이 가까운 금자님이 바리바리 챙겨들고 가서 세탁해 오기도 했다.

초기에 자원회수센터에서도 택배를 받은 적이 있었다. 학교에서 학생들과 선생님이 함께 모아준 것이다. 학교에서 자원회수센터를 알게 되어서 쓰레기에 대한 교육을 하고 모아서 보내주는 캠페인으로 퍼지고 있는 것 같았다. 쓰레기를 모아서 자원을 순환시키는 것도 물론 중요하지만, 일회성으로 버려지는 물건의 사용을 줄여 쓰레기 자체를 줄이는 활동이 더 의미가 크다. 그래서 쓰레기를 모아서 보내는 것을 교육하는 대신 서로 안 쓰는 물건들을 공유하도록 만들거나 애초에 쓰레기를 줄이기 위한 노력을 하도록 권유하고, 택배는 받지 않게 되었다. 택배를 받지 않는 이유는 택배가 커뮤니티 회수센터의 '커뮤니티'를 무의미하게 하고, 제대로 분류되지 않은 자원을 택배로 받은 경우 결국 쓰레기가 되기 때문이다.

● **커뮤니티 자원회수센터 이용 방법**
① **알맹상점에서 받고 있는 쓰레기를 확인한다.**
기본적으로 일곱 가지를 받고 있지만, 인스타그램과 블로그에 공지하여 잠깐 받는 쓰레기 품목이 생기기도 하고, 쓰레기가 너무 많이 들어오는 시기에는 잠시 회수를 중지하기도 한다. 쓰레기를 들고 오기 전에 미리 공지를 보거나 수거 일정을 확인하면 좋다.
② **쓰레기를 모아 세척과 분류를 한다.**
내용물을 비우고, 헹구고, 소재별로 분리가 되어 있는지 확인하고, 섞지 않고 분리한다.
③ **들고 올 수 있는 만큼 챙겨서 상점이 열려 있는 시간에 방문한다.**
이때 리필하고 싶은 품목이 있다면 담을 용기를 깨끗하게 세척하여 잘 말려서 가지고 오면 좋다.
④ **상점 매니저들에게 쓰레기를 들고 왔다고 이야기한다.**
가지고 온 쓰레기가 자원으로 활용할 수 있는 품목과 상태인지 확인한다.
⑤ **가지고 온 쓰레기는 직접 종류별로 분류된 곳에 넣는다.**
⑥ **알맹상점 쓰레기 쿠폰에 도장을 찍어주는 것을 확인한다.**
매일 마감할 때 쓰레기 무게를 측정하고, 그 시트의 데이터를 모아 매달 블로그와 인스타그램을 통해 쓰레기의 양(자원을 순환시킨 양)을 공유하고 있다.

● 제로웨이스트, 리필, 재활용 가게

제로웨이스트 가게들은 가게마다 모을 수 있는 자원들을 받고 있다. 알맹상점 대동여지도(카카오 지도)에서 집 근처 제로웨이스트 가게의 위치를 확인할 수 있다. 수거하는 쓰레기의 품목이 조금씩 상이하니 가기 전에 확인하면 좋다. 대부분의 제로웨이스트 가게에서 쓰레기를 자원으로 활용하기 위해서 자발적으로 거점 가게를 운영하고 있다. 이렇게 쓰레기를 모아 자원으로 순환시키는 일에는 대부분 혜택도 지원도 없다. 재활용이 안 되는 쓰레기를 어떻게든 활용해 자원으로 순환시키고 싶은 마음뿐이다.

– 노랑 : 제로웨이스트 가게

– 보라 : 무포장 혹은 비건 가게, 숍인숍

– 초록 : 공간 대여, 수거 거점, 숙박

– 분홍 : 서점, 영화관 등 기타

우리 동네 물건공유 센터,
필요한 사람에게 다시 생명을

2022년 3월 새로 이사한 망원점 3층 입구에서도 기존 망원점과 동일한 방법으로 물건공유 센터를 운영하고 있다. 무인으로 운영되고 있으며 공간이 협소하여 작은 물건들 위주로 공유한다. 2년 정도의 기간 동안 3천 개 넘는 물건이 공유되었다. 물건을 두고 가시는 분들이 자유롭게 카운트를 하는 방식이라 누락된 건도 물론 있을 것이다. 나도 물건을 가져다놓고 카운트 하는 것을 맨날 잊어버린다.

여기서는 새로 샀지만 잘 사용하지 않는 물건이나 중고마켓에 판매하기는 애매한 물건들을 공유한다. 알맹상점을 방문하시는 분들이 사랑해 주시는 공간 중 하나라고 생각한다. 상점 출퇴근할 때마다 나에게 필요한 것이 들어오진 않았는지 하이에나처럼 살펴본다. 가끔은 내가 집에서 바리바리 챙겨온 물건들을 가져다놓기도 한다. 공유 물건은 책부터 시작하여 파우치, 지갑, 케이스, 고데기, 주방용품 등 다양하다. 나도 중고로 팔기에는 애매한데 버리긴 아까운 물건들을 두고, 필요한 물건들을 집에 가지고 와 사용한다. 사용 흔적이 있지만 중고로 팔아도 될 것 같은 멀쩡한 고데기, 웃음 강아지(다시 공유해서 헤어짐), 플라스틱 수납함, 화분, 혈압 측정기 등을 득템하여 아주 잘 사용하고 있다.

물론 상태가 좋은 물건만 들어오는 것은 아니다. 무인으로 운영하더라도 한 번씩 살펴보고 관리를 해줘야 한다. 누구도 사용하지 않을 것 같은 물건이 가끔 놓여 있기도 하다. 비슷한 맥락에서 아름다운 가게에도 사용하지 못하는 물건이 들어올 때가 많을 것 같다는 짐작을 해본다. 아나바다 운동이 반짝 뜨다가 사라진 이유를 알 것 같다.

개인적으로 중고마켓 어플에서 아이 쇼핑하는 것을 좋아한다. 진짜 뜯어보지도 않은 새 물건도 많이 올라온다. 중고마켓 어플을 통해서 상점에서 사용하고 있는 가전제품들, 테이블, 의자, 집기류 등을 사서 쏠쏠하게 사용하고 있다. 내 집의 가전도 절반 정도는 중고마켓 어플로 구매한 멀쩡한 물건들이다. 작은 우리의 공간에서 나눔 문화가 다시 부활되고 있다.

우리가 해결해야 할 쓰레기
: 재활용은 답이 아니다

지역 사회에서 쓰레기 문제에 대한 인식들이 높아지고 관심을 가지는 사람들이 많아지면서 환경부에서도 가이드라인을 배포하며 교육한다. 하지만 개인에게만 책임을 지우는 것처럼 보이는 배출 방법이 적힌 종이를 나눠주며 '용기 내 캠페인'만 주도할 것이 아니라, 필요한 제도를 마련하고 하루빨리 규제할 필요가 있다.

어렸을 때를 떠올려봐도 쓰레기에 대해 받은 교육이라고는 '분리배출'뿐이다. 대한민국의 분리배출 정책은 1980년부터 부분적으로 도입되었다가 1991년부터 법적 의무화되었다. 열심히 분리배출 교육을 해온 결과, 2016년 기준 재활용률은 59%로 세계 2위다. 하지만 이 수치는 시민들이 분리한 쓰레기가 재활용 수거 업체에 도달한 양을 수치화한 것에 불과하다. 재활용 업체에서는 재활용이 될 수 있는 것을 다시 선별 작업한다. 우리가 생각하는, 내가 분리배출한 쓰레기가 유용하게 재탄생된다는 의미로 따지면 실제로는 다섯 개가 버려졌다면 한 개 정도도 재탄생되지 않는다. 흔히 사용하고 있는 일회용 테이크아웃 플라스틱 컵의 재활용률은 5%도 안 된다. 분리배출이 답이라고 믿었던 내가 환경에 관심을 가지면서 제일 절망했던 순간이다.

나는 우리가 분리배출을 하면 뒤에서는 재활용이 잘 되고 있다고 믿었다. 쓰레기를 옮기는 과정에서 누락되고 해양에 쓸려 내려가 버려지는 쓰레기의 양이 전 세계적으로 매년 8천만 톤에 육박하고, 재활용이 어려워 결국 수출되어 어디엔가 쌓여 있다는 것을 알게 되자 뒤통수를 얻어맞은 기분이었다.

환경에 관심을 가지고 있다고 자랑하듯 홍보하는 기업도 많아지고 있지만, 코로나로 인해 위생적이라고 여겨지는 개별 소포장 제품이 대거 출시되었다. 국가는 쓰레기 문제 중 일회용품, 특히 배달 용기의 심각성을 매년 언급하고 있지만 예나 지금이나 해결되고 있다는 느낌은 받지 못했다.

심각성을 알기 전에는 나름대로 세척하고 표시사항에 맞춰 분리배출하는 것이 쓰레기에 대한 올바른 태도이자 노력이고 해결 방법이라 여겼다. 한 사람의 인생이 24시간이라면 그중 한 시간 이상은 분리배출에 사용하지 않았을까? 이렇게 재활용이 어려운데 기업이 생산한 제품이 쓰레기로 버려졌을 때 어떻게 관리할 것인지에 대한 정부의 대책은 없고, 그나마 있는 규제들은 모두 너그러워 보였다. 환경운동가가 아닌 일반인도 관심 있게 쓰레기를 살펴본다면 '왜 이런 부분을 그대로 방치하고 있지?'라는 생각이 절로 들 것이다.

한국 인구의 절반 이상이 서울과 수도권에 밀집하여 살고 있다. 하루에 쏟아지는 쓰레기도 엄청나다. 이렇게 수도권 시민들이 버린 쓰레기는 인천의 한 매립지로 가고 있다. 지금은 하늘공원이 된 서울 매립지가 종료된 이후로 2003년부터 사용해온 인천 쓰레기 매립지는 예상했던 것보다 더 많은 양의 쓰레기들이 들어오면서 예정된 일정보다 앞당겨진 2025년에 매립을 종료한다고 선언했다. 서울시는 다른 매립지를 찾아야 했다. 서울시에서 대체 매립지를 지원받겠다고 몇 차례나 공고를 올렸지만 어느 지자체도 지원하지 않아 그대로 무산되었다. 폐기물 '발생지 처리의 원칙'을 두고 많은 이야기가 나오고 있다. 서울시와 수도권은 매립 쓰레기를 해결하는 방향을 고민하고, 재활용 문제를 개인의 분리배출 교육으로 떠넘길 것이 아니라 일회용품과 과도한 포장재 등에 규제를 실행해야 한다.

언제까지 구닥다리 식의 직매립으로 쓰레기를 처리할 것인가. 또 '내 집 앞에 처리시설을 둬선 안 된다'라는 인식도 변화해야 할 때가 아닐까? 제대로 쓰레기를 관리 감독하며 이젠 올바르게 처리될 수 있도록 시민들이 직접 목소리를 내야 할 때다. 내가 버린 쓰레기를 내가 어느 정도는 책임지는 마음이 필요하다.

나 역시 쓰레기를 배출하며 내 집 주변이 아닌 멀리, 어딘가로 치워지기를 원했다. 우리 동네에 쓰레기를 처리하는 곳이 생긴다면 냄새나고, 집값 떨어지고, 쓰레기 운반 차량이 왔다갔다하면 복잡하고 시끄럽다는 이유로 반대하고 외면만 했다. 결국 지금까지 해결된 일은 아무것도 없다. 눈앞에서 치워지면 해결될 줄 알았던 쓰레기는 해결되지 못한 채로 어디론가 가서 쌓이고만 있었다. 인간은 살면서 쓰레기를 발생시킬 수밖에 없는데 어떤 식으로 내 쓰레기를 줄일 수 있을지, 내가 사용하는 물건들이 버려지면 어떻게 되는지, 소비할 때 보이지 않는 곳에서는 무슨 일이 일어나는지 등 현실적인 내용을 정규 교육과정에 포함시켜야 하지 않을까.

제주도는 도내 폐기물을 100% 자체 처리하는 자립형 자원순환을 목표로 하고 있다. 제주도는 오래전부터 쓰레기 문제로 골머리를 썩고 있었다. 대부분의 쓰레기는 관광객으로부터 나온다. 제주도에도 쓰레기 매립지가 있지만 턱없이 부족하여 처리를 못 하는 쓰레기는 육지로 반출하여 위탁처리를 해왔다. 2018년 필리핀에 보냈다가 엄청난 망신을 주며 인천으로 반송된 쓰레기가 알고 보니 제주도에서 나온 쓰레기였다. 이에 지자체는 외부 반출로 쓰레기 문제를 해결하는 방법은 더 이상 지속가능하지 않다고 판단하고, 자체적 쓰레기 감축과 재활용을 위한 노력을 시작했다. 그 일환으로 제주도에서는 '재활용 도움센터'를 운영하고 있다. 현재(2021년 기준) 89곳에서 연말까지 109곳으로 늘리고 2022년까지 최대 200곳으로 확대한다고 발표했다. 재활용 도움센터에서는 하루에 세 명의 인원이 교대근무를 하며 24시간 재활용 쓰레기의 분리와 배출을 돕는다. 사람들에게 재활용품을 제대로 분리하는 방법을 교육하고, 소재를 섞어서 배출하는 경우나 더러운 쓰레기를 배출할 경우 걸러내는 작업도 진행한다. 몇 번 방문해보았는데, 매번 갈 때마다 재활용 자원이 깨끗하고 위생적으로 관리되는 모습을 볼 수 있어서 좋았다.

경기도 성남의 한 지자체는 '신흥이re100'이라는 자원순환 가게를 운영한다. 우리가 분리배출하는 재활용품을 가지고 가면 무게를 측정한 뒤 매월 정산하여 지역화폐나 현금으로 보상해주는 시스템이다. 성남환경연합, 성남시, 재활용 업체가 함께 손을 잡고 만든 성공모델이다. 매주 2일 정해진 시간에 오픈한다. 성남의 성공사례로 비슷한 가게가 경기도에 일곱 군데나 생겼다고 한다. 정말 좋은 변화이다.

제주도와 성남의 성공사례는 전국적으로 더 확대되어야 한다. 수도권, 특히 주택 단지에 쓰레기 감독이 꼭 필요하다고 생각한다. 재활용 분리배출하는 장소는 늘 난리다. 재활용률이 왜 한 자리 숫자밖에 안 되는지 그 이유를 단번에 알 수 있다. 피자 종이박스 안에는 뜯어진 피클과 남은 피자가 몇 조각 들어 있는데, 이것을 그대로 폐지로 분리해 배출한다. 플라스틱 도시락은 음식물이 남아 있는 그대로 버려져 있다. 쓰레기 문제는 아직도 남의 일이라고 생각하며 더럽고 혐오스러운 존재로 외면하곤 한다. 본인에게서 나온 쓰레기는 각자 책임지는 마음을 분명히 가졌으면 좋겠다.

우리 상점의 자원회수센터는 본격적인 지자체의 지원이 있는 제주도나 성남처럼 제대로 운영하기는 어려울지라도, 재활용이 안 되는 이유를 설명하고 쓰레기를 받아 순환시킬 수 있으면 좋겠다는 마음에서 비롯되었다. 이렇게 쓰레기를 함께 줄여보고, 이에 대해 이야기하는 공간이 꼭 필요하다고 생각했다.

한국형 제로웨이스트, 자발적으로 쓰레기를 걷는 가게들

쓰레기 줄이는 가게를 준비하면서 외국의 제로웨이스트 가게를 많이 찾아보았다. 인테리어가 정갈하고 세련되었다. 대체 저런 디스펜서는 어디에서 살 수 있는지 찾아보기도 했었다. 하지만 이렇게 아름다운 해외 제로웨이스트 가게는 우리가 따라할 수 없었다. 외국처럼 다양한 제품을 포장 없이 판매하고 싶었지만 제도가 달라서 우리가 할 수 없는 것이 대부분이었기 때문이다. 따라하지 못할 거라면 우리나라에 맞춰서 우리가 생각하는 '한국형 제로웨이스트 가게를 만들어보자'고 세 명이 뜻을 모았다.

제주도의 '쓰레기 도움센터', 성남의 '신흥이re100'이 우리 동네에 있으면 좋겠다는 생각을 수없이 했다. 쓰레기를 분리배출하러 갔다가 오지라퍼가 되어 처음 본 이웃에게 '이건 이렇게 버리시면 안 된다'며 '앞에 붙어 있는 것 안 보이냐'는 말을 인사 대신 하기도 했다. 내가 아파트 쓰레기 분리배출장에 앉아 매의 눈으로 지키고 있을 수 있다면 좋을 텐데….

그래서 쓰레기에 대해서 시민에게 알려주는 소통의 창구가 꼭 필요하다고 생각했다. 그땐 무슨 자신감인지, 우리가 재활용과 쓰레기 문제를 잘 알릴 수 있다고 믿었다. 재활용이 되는 줄 알았는데 잘 안 되는 쓰레기는 밤새 품목을 열거할 수 있을 정도로 많다. 우리나라가 잘 하고 있는 부분도 많지만 디테일의 부족으로 놓치는 쓰레기도 많았다. 이런 놓치고 있는 쓰레기 중 자원이 될 만한 것을 살펴보기 시작했다. 이런 쓰레기를 전부 받다간 우리가 쓰레기 처리장이 될 수 있기에, 받아서 처리할 수 있는 정도로 무리하지 않고 받는 것이 중요했다. 부피가 크거나 현실적 처리가 어려운 것 역시 회수하기 어렵다고 판단했다. 쓰레기를 받아 자원으로 만들어줄 곳을 정한 다음 회수를 시작했다.

그렇게 모으기 시작한 쓰레기는 종이팩, 커피 찌꺼기, 작은 플라스틱 병뚜껑, 재사용이 가능한 공병, 에코백, 종이백이었다. 재활용이 어려운 쓰레기를 받는 특이한 가게라고 여기저기 소문이 나면서 언론과 각종 매체에 보도되었고 전국의 기업, 복지센터, 도서관, 생협, 한살림 등 다양한 곳에서 찾아오셨다. 커뮤니티 회수센터에 쓰레기 교육을 요청하는 곳들도 점차 많아졌다. 함께하고 싶다며 운영 방법과 자원을 보낼 곳을 궁금해하는 곳이 많았다. 함께 모으면 더 좋으니 몇 시간씩 할애하여 자문비도 받지 않고 우리가 연계하는 곳의 정보를 아낌없이 알려드렸다. 그렇게 각자의 공간에서 시키지 않아도 쓰레기를 모으는 곳이 점차 늘어났다. 진짜 쓰레기 덕후들이 모여 한국형 제로웨이스트 문화로 탄생한 것이 아닐까 싶다.

쓰레기 회수는 어떻게 보면 마이너스 사업이다. 개인 가게의 공간을 할애하여 쓰레기를 모아야 하고, 사비를 털어 택배를 보낼 때도 있다. 쓰레기 모으는 공간에 판매하는 물건을 더 진열한다면 수익을 더 높일 수도 있을 것이다. 하지만 아까운 자원이 버려지는 것을 안타까워하는 마음들이 모여 하나둘, 회수센터가 늘어났다. 전국의 여러 가게가 나의 일이라고 생각하며 함께하고 있다. 정말이지 아날로그 스타일이다. 쓰레기에 대해 직접 설명하고 사비를 들여 택배를 보내며 자원을 모아주시는 것이다. 오늘도 자원이 될 쓰레기를 정리하고 계실 전국의 제로웨이스트 가게 관계자분들, 도모도모 모임과 각자 모아주시는 분들, 우리 상점의 매니저들께도 감사의 인사와 뜨거운 박수를 보내드리고 싶다.

종이팩은 종이가 아니다

환경, 특히 쓰레기에 관심이 많아지면서 재활용에 대한 관심도 같이 높아졌다. 플라스틱 재활용률은 69.22%(처리 비율에 소각의 일종인 에너지 회수가 포함되어 있어 정확하게 구분한다면 실제 재활용 비율은 22.7%로 뚝 떨어진다)이고, 이에 비해 종이팩의 재활용률은 15.8%이다.◆ 우리가 분리배출한 종이팩은 재활용되지 않고 대부분이 버려지고 있다. 새로운 종이팩을 만들기 위해 나무들을 베고, 종이팩은 계속 버려지고…. 안에 담긴 내용물만 다 사용하면 버려지는 소중한 자원이 너무나 아까웠다.

우리는 일반 시민들에게 종이와 종이팩이 따로 분리되어야 한다는 것을 알리기로 했다. 천연 펄프를 만드는 공장은 재생 원료를 대부분 수입에 의존하고 있다. 종이팩을 100% 재활용한다고 가정했을 때, 연간 650억 원의 비용을 아끼고 20년생 나무 130만 그루를 심는 효과를 낼 수 있다.

상점에서는 우유팩으로 흔히 알려진 일반팩을 모아 근처 주민 센터에 가져다주고, 실온 보관이 가능하도록 알루미늄 코팅으로 되어 있는 멸균팩은 따로 모았다.

일반팩의 재활용을 위해 재활용 업체로 직접 보내려고 업체에 연락했지만 일정 분량 이상만 수거할 수 있다는 답변을 받았다. 우리에게는 그만큼의 쓰레기를 모아둘 창고 공간이 없어서 근처의 주민센터를 찾아 다녔다. 처음에 망원1동, 합정동 주민센터에 가지고 갔을 때는 누가 담당자인지, 일반팩을 어디에 보관하는지 아무도 몰라 혼란스러웠다. 한참을 밖에서 서서 기다리고, 담당자가 변경될 때마다 일반팩을 가지고 왔다고 다시 설명을 해야만 했다. 이제는 망원 1동 주민센터뿐만 아니라 합정동 주민센터에도 우리와 일반팩을 환영해주신다. 깨끗하고 질 좋은 일반팩을 어떻게 이렇게 많이 모았는지 궁금해하신다. 앞으로 많이 가지고 와달라고, 더 많은 재활용 휴지로 바꿔주시겠다며 작은 로비를 하실 때도 있다.

일반팩은 한 달에 200킬로그램이 넘게 모인다. 특히 주말에는 커피콩 마대 자루 한두 개를 금방 채운다. 이 마대 자루를 돌아가면서 이고지고 주민센터까지 들어서 날랐다. 힘에 부쳐서 '이제는 하지 말까?' 하는 말을 마대 자루를 옮길 때마다 한 것 같다. 그러던 중 폐지 주우시는 할머니께 주민센터로 옮기는 것을 부탁드리고 비용을 드리면 좋겠다 싶어 할머니께 여쭤보았더니 흔쾌히 응해주셨다. 마대 한 자루당 소정의 비용을 드린다. 그러나 비가 오거나 눈이 오거나, 코로나 확진으로 가까운 주민센터가 닫혀 있을 때는 어쩔 수 없이 우리가 직접 가야만 했다. (무겁다!) 망원 1동 주민센터에서는 이 정도의 양이라면 트럭으로 직접 창고로 수거해주시겠단 답변을 듣게 되었다. 앞으로 할머니 방문이 어려울 때는 트럭이 우리의 쓰레기를 가져갈 예정이다.

사실 멸균팩도 일반팩만큼이나 많이 사용되는데, 엄격하게 말하면 일반팩과도 따로 분류해야 한다. 멸균팩의 경우 종이 75%, 폴리에틸렌 20%, 알루미늄 호일 5%로 코팅이 되어 있는데 해리하는 과정이 오래 걸려 분리해 처리할 수 있는 곳에 따로 보내야 한다. 우리는 멸균팩만 재활용 취급하는 업체를 찾아 따로 보내고 있다.

종이팩이 재활용이 안 된다니! 이런 소식을 접한 분들은 감사하게도 멀리서 쓰레기와 용기를 챙겨 들고 오셨다. 간혹 씻어오지 않은 경우, 오히려 미안해하며 알아서 가위로 잘라 씻으신다. 종이팩을 펼쳐서 받는 이유는 부피 때문이다. 펼치지 않으면 아무리 눌러도 볼륨이 살아 있기 때문에, 펼쳐서 받아야 더 많이 꾹꾹 눌러 담아 보낼 수 있다.

어느 날엔 일반팩을 펼치지 않고 눌러서 가지고 오신 분이 있었다. 세척은 해오셨다고 했는데, 이게 무슨 일… 펼쳐보니 구더기가 나타난 것이다! 나도 충격, 손님도 충격, 금자님은 소리를 지르며 사진을 찍고, 꼭 펼쳐서 씻어 오실 것을 당부하는 게시글을 올렸다. 그분은 세척 후 몇 번이나 미안하다는 인사를 하고 가셨다. 종이팩을 제대로 씻지 않는다면? 구더기를 키우는 것이다. 여름

철에는 종이팩에 구더기를 키워 오시는 분들이 제법 있다. 부디 내가 버린 쓰레기 다시 보자! 라는 마음을 가지고 가셨기를….

어느 봄, 주말에 오픈하자마자 두 손 가득 일반팩을 가지고 오신 손님도 기억에 남는다. 멀리서 봐도 아우라가 심상치 않았다. 동네에 있는 일반팩을 다 모아서 오신 거 같은 엄청난 양이었다. 1년 넘게 먹으며 모은 우유팩이 일반팩이라서 재활용이 안 된다는 것을 알게 되어 아까워서 계속 집에 모아두고 있었다고 한다. 우연히 알맹상점에서 일반팩을 수거한다는 이야기를 듣고 모은 것을 가지고 오셨다고 했다. 가까운 곳에 사는 분도 아니었다. 일반팩을 모으며 정말 아깝고 소중한 자원이라는 생각을 하셨을 것이다. 그 마음이 너무 감사했다. 사시는 곳 근처의 주민센터를 수소문해보시라 말씀드렸는데 아쉽게도 근처에 회수하는 곳이 없다고 하셨다. 지금은 회수를 하는 곳이 있기를 바라본다. 그 많은 일반팩을 펼치지 않은 상태로 가지고 오셔서 부피 때문에 둘 곳이 마땅치 않았다. 결국 나와 손님이 나란히 앉아 가위질을 하면서 일반팩을 다 잘라서 펼쳤다. 시간이 길어질수록 우리는 말이 없어졌다. 30분도 넘게 가위질만 한 것 같다. 180센티미터의 책상에 가득 쌓고도 넘치는 어마어마한 양이었다. 다행스럽게도 그날 오전에 다른 손님이 많지 않아서 같이 가위질을 할 수 있었다. 정이란 같이 일반팩을 자르면서 싹트는 것이리라…. 그분과 사진이라도 한 장 찍어놨었어야 했는데. (이 글을 읽고 계실까? 잘 계시죠?)

종이팩은 매일 버려져 가득 쌓이고 있으며 요즘은 친환경 패키지라고 종이팩에 담긴 세제도 판매되기 시작했다. 하지만 어떤 것이 환경에 이로울지는 지켜봐야 한다.

● 종이팩, 일반팩, 멸균팩 용어 정리

- 종이팩 : 천연 펄프로 만든 판지의 양면에 무독성 폴리에틸렌을 도포하여 만든 원단을 사각 기둥 모양으로 만든 용기이다. 흰색으로 코팅된 일반팩과 은색 알루미늄 호일로 코팅된 멸균팩을 총칭한다.
- 일반팩 : 냉장보관이 필요한 우유, 주스 등에 사용하는 흰색으로 코팅된 팩이다. 보통 휴지로 재활용된다.
- 멸균팩 : 상온보관이 가능한 두유, 소주 등에 사용하는 은색 알루미늄 포일로 코팅되어 있는 팩이다. 멸균팩을 재활용하면 알루미늄은 팔레트를 만들고 종이 부분은 키친타월이 된다.

● 종이가 아닌데 종이인 척하는 쓰레기

종이컵, 우유팩, 주스팩, 멸균팩, 아이스크림 껍질, 종이포일, 기름종이, 영수증, 종이테이프, 감자칩 통, 휴지, 컵라면 용기, 팝콘 통 등

아침에 일어나서 잠을 깨우기 위해 모닝커피 한 잔, 점심 먹고 춘곤증에 시달려 식후땡으로 한 잔, 저녁에 오랜만에 친구들 만나면 또 한 잔…. 커피는 정말 틈만 나면 흔히 마시는 음료가 되었다. 언제부터인가 내 손에도 커피가 항상 들려 있다. 어렵게 길러지고 볶아진 커피 원두는 추출이 된 뒤에 어디로 갈까? 커피 찌꺼기 활용 방법을 찾아보신 분들은 아시리라. 방향제로 사용하기도 하고 주방 기름때 설거지에도 사용할 수 있다. 이 정도는 주부 9단의 활용 방법이라고 할 수 있다. 활용이 끝난 커피 가루는 음식물 쓰레기가 아니라 일반 쓰레기로 분류된다.

커피 찌꺼기를 곱게 말려 알맹상점에 가져다주면 커피 찌꺼기는 새로운 자원이 된다. 양말목 워크숍에서 '커피큐브' 대표님을 만나게 되었다. 커피큐브에서는 커피 찌꺼기를 모아 만든 연필과 볼펜, 화분을 소개해주셨다. 정말 유레카였다. 다른 곳에서는 커피로 물건을 만들며 일부 플라스틱을 섞기도 하는데, 커피큐브에서는 100% 커피와 식물 추출물을 섞어 '커피박'이라는 점토를 만든다. 버려질 수 있는 자원을 활용하기 위해 열심히 노력, 연구해서 만든 결과다.

이런 상품은 플라스틱에 비해 약해서 깨지기도 하고 물에 오래 담가두면 녹기도 한다. 그런데 생각해보면 이런 물건이 진짜 우리가 생각하는 친환경적인 자원이다. 커피 화분은 분갈이할 때 화분째로 그대로 흙에 묻으면 1년 이내에 퇴비화가 가능하다. 튼튼하고 오래 사용할 수 있는 물건을 구매하여 오래 사용하는 것도 중요하지만, 이렇게 버려지는 자원을 활용할 수 있다면 충분히 지갑을 열 가치가 있다고 생각한다.

보통 식물 모종은 작은 플라스틱 화분에 담겨 판매되고 그 화분은 일회용품처럼 사용된다. 만약 커피 찌꺼기로 만든 화분을 모종 화분으로 사용한다면 많은 석유 자원과 쓰레기를 줄일 수 있을 것이다. 모종을 사서 화분째로 심을 수 있으니 자원도 아끼고, 시간도 절약할 수 있고 1석 3조가 아니겠는가?

커피 찌꺼기로 화분뿐 아니라 연필도 만들어내는데, 코팅을 하지 않아 곰팡이에 취약하다. 2020년 52일 동안 긴 장마가 지속되면서 섬에 위치한 나의 집에 있던 커피 연필에 전부 곰팡이가 피기도 했다. 자연스러운 현상이라고 생각하니 아쉽지만 기분이 묘하게 좋았다. 자연으로 돌아가는 물건들이 내 주변에 생겨서 반갑다. 커피 찌꺼기의 변신은 무죄! 찰흙처럼 반죽되어 나와 사람 손으로 빚을 수 있는 커피박 점토는 교육, 워크숍용으로 강력 추천한다.

● **커피큐브**

특허 받은 기계를 통해 찰흙처럼 나오는 커피박을 틀에 찍거나, 직접 손으로 만들어 제품을 생산한다. 어르신 일자리를 창출하는 사회적 기업이다.

● **커피 추출 후 곰팡이 피지 않게 찌꺼기 말리는 방법**

방법 1. 커피 추출 후 프라이팬에 찌꺼기를 담고 수분이 날아갈 때까지 덖어준다.

방법 2. 커피 추출 후 전자레인지에 1분 30초 돌려준다.

방법 3. 습기가 날아가도록 볕이 좋은 곳에 2~3일 골고루 바짝 말려 준다.

 커피 찌꺼기 회수(커피 클레이)

버려지는 작은 플라스틱의 혁명!

병뚜껑으로 치약 짜개를?

손바닥보다 작은 플라스틱의 재활용이 어려움을 알리기 위해서 병뚜껑류 플라스틱을 받기 시작했다. 플라스틱은 크게 7가지 종류로 나누어진다. 버려진 플라스틱들은 종류별로 분류해야 재활용이 되는데 대부분의 선별장에서는 손으로 직접 선별을 하고 있다. 이때 작은 플라스틱은 큰 플라스틱에 묻혀 실질적으로 선별해내기 어렵다고 한다.

서울환경연합에서 운영하는 '플라스틱 방앗간'에서 병뚜껑을 모아 치약 짜개를 만든다는 것을 알게 되었다. 우리가 모은 병뚜껑 플라스틱을 보내면 치약 짜개를 만들어 보내주기로 했다. 이렇게 받은 치약 짜개는 알맹상점 쓰레기 쿠폰 리워드 선물로 드린다. 언론에 소개되며 플라스틱 방앗간도 많은 관심을 받게 되었다. 그러면서 작은 플라스틱을 모아 사업을 하는 청년들이 늘어났다. 이런 플라스틱들이 재활용이 안 되어서 모은다고 하면 잔뜩 가져오시는 분들이 계신다. 나는 그분들께 계속 가지고 오셔서 치약 짜개를 계속 받아 집에 치약 짜개가 20개가 되면 다 사용하실 것인지 물어본다. 열 명에게 물으면 열 명 다 '아니요'라고 대답하신다. 나도 그럴 테니까. 결국 우리가 해야 하는 것은 뚜껑을 선별해서 모으는 노력보다 최대한 쓰레기가 안 나오도록 하는 노력이다.

플라스틱 방앗간 창고에 우리가 매주 두세 박스씩 모아서 드린 플라스틱이 한가득 쌓여 있다는 것을 알게 되었다. 많은 사람이 버려지는 플라스틱으로 만든 물건에 열광하지만, 이것이 정말 지속가능한지 깊이 고민해볼 필요가 있었다.

모으기 전만 해도 병뚜껑은 색만 다를 뿐 다 똑같다고 생각했는데, 아니었다. 하늘 아래 같은 물질은 없다고 했던가. 자세히 들여다보면 맥주병, 막걸리, 탄산수 뚜껑에는 탄산이 새어 나가지 않도록 종이 완충제 또는 고무패킹이 되어 있는 경우가 많다. 이런 뚜껑들은 두 가지 이상의 재질이 혼합되어 있거나 플라스틱이 아닌 재질이 섞여 있어서 재활용이 어렵다. 이런 문제에는 시민들이 목소리를 내는 것이 중요하다. 우리는 이렇게 재활용되지 않는 혼합 재질의 병뚜껑을 사용하지 말자는 캠페인을 진행하고 있다.

2020년 6월부터 9월, 2021년 3월부터 6월, 총 6개월 동안 두 번, '카카오 프로젝트 100'을 래교님과 함께 운영했다. 100일 동안 미션을 드리면 참여하시는 분들이 당일 미션을 인증하는 프로젝트이다. 미션의 목적은 100명과 함께 쓰레기를 줄이고 환경과 친해지는 실천을 해보는 것이었다. 탄산수 '씨그램' 뚜껑에 대한 목소리를 내는 미션도 있었다. 많은 분이 기업에 함께 제안을 했고, 이를 반영하여 변경하겠다는 긍정적인 답변도 받았다. 현재 씨그램 뚜껑은 고무 패킹 없이 제조되고 있다. 미션을 함께한 분들과 함께 환호성을 지르며 기뻐했다. 이렇게 여러 사람이 목소리를 낸다면 기업도 변화시킬 수 있다.

이젠 제법 많은 공간에서 작은 플라스틱을 받지만 플라스틱 뚜껑의 재질은 여전히 제각각이다. 재질이 섞인 뚜껑을 받아 업사이클링 업체에 보내면 업체에서는 또다시 선별 작업을 한다.

제조회사별로 어떤 재질의 플라스틱 뚜껑을 사용하는지 알게 되면서 분리작업이 빨라졌다고 한다. 이렇게 분리된 플라스틱은 각자 필요한 곳에 보내지기도 하고 플라스틱을 이용한 치약 짜개나 고리 등 굿즈를 만들기도 한다.

지금 알맹상점에서는 '로우리트 콜렉티브'라는 곳에 작은 플라스틱을 보내고 있다. 로우리트 콜렉티브에서는 받은 플라스틱을 직접 소재별(PP, PE), 색깔별로 분리한다. 이렇게 분리한 플라스틱을 파쇄해서 필요로 하는 곳에 보내거나 자체적으로 물건을 만들어서 전시, 판매를 하기도 한다. 알맹상점에서는 파쇄한 작은 플라스틱을 다시 사와 S자 고리, 자석 고리, 팔찌 등을 만드는 플라스틱 재활용 체험도 하고, 업사이클한 물건을 판매하고 있다.

우리 가게에 모인 뚜껑은 로우리트 콜렉티브뿐만 아니라 종종 플라스틱을 활용한 전시나 플라스틱 병뚜껑이 필요하다고 요청해주시는 곳에 무상으로 제공해드리고 있다.

멀리 계룡에서 같이 할 일을 고민하며 서울 망원동까지 병뚜껑을 여행 가방 가득 들고 오신 손님도 있다. 본인이 할 수 있는 하나라도 하고 싶었다고 하신다. 또한 어떤 비행기 승무원 손님은 헬싱키로 가는 비행기에서는 작은 플라스틱도 분리배출하는데, 서울로만 오면 다 버려진다며 비행기에서 나온 병뚜껑을 모아 알맹상점에 들고 오시기도 했다. 각자 최선을 다해 하나라도 재활용되기를 바라며 모아주시는 모습에 감동을 받는다. 이 맛에

상점을 하고 있달까.

작은 플라스틱은 가지고 올 수 있는 만큼 가지고 오면 된다. 적
게 가지고 오더라도 도장을 찍어드리며 더 칭찬해드린다. 쓰레기
가 안 나온 것이니 정말 칭찬받아야 마땅하다.

● **이중 병뚜껑 서명운동 (2022년 1월 20일~4월 13일까지)**
이중 재질을 가진 병뚜껑을 사용하는 기업에게 재질을 단일화하여 재
활용이 잘 될 수 있도록 목소리를 전달할 예정이다.

● **티끌 프로젝트 (로우리트 콜렉티브)**
철새 도래지를 플라스틱으로 만들어 전시해 유명해진 곳이다. 지속가
능에 대해 고민하며 티끌 프로젝트(작은 병뚜껑 플라스틱을 '티끌'로
표현한 프로젝트로, 로우리트 콜렉티브에서 뚜껑을 모으는 활동을 의
미한다)를 진행한다.
뚜껑을 모으는 거점 신청도 사이트에서 가능하다.

플라스틱의 변신은 무죄

한 달에 알맹상점에서만 100킬로그램의 플라스틱이 모인다. 병
뚜껑으로만 단순히 환산하자면 병뚜껑 한 개에 약 2그램, 5만 개
의 병뚜껑을 매달 받고 있는 것이다. 나는 가공된 음료를 사먹는
것이 진짜 손에 꼽을 정도로 적은 사람이라, 이렇게 많은 병뚜껑

을 패킹하며 놀란다. 예전 알짜 캠페인 때 병뚜껑을 녹여 마포구 화폐 모아를 만들었던 기억을 되살려 플라스틱을 녹여 새 물건을 만들어보기로 했다. 우리는 여러 번 시도 끝에 와플 틀에 플라스틱을 녹여 비누받침이나 키링으로 만들기에 성공했다. 플라스틱을 녹여 만드는 체험 프로그램에 '플라스틱 달고나'라는 이름을 붙였다.

플라스틱 달고나 체험을 하면서 생각보다 다양한 물건들을 만들 수 있겠다는 생각이 들었다. 하지만 사출기가 예민해서 조금만 크기가 큰 제품을 만들거나, 온도가 맞지 않거나, 컴프레셔의 기압이 맞지 않거나, 금형이 식었거나 하는 등 여러 이유로 실패가 많았다. 연습이 생각보다 많이 필요했다. 역시 업사이클 제품은 뚝딱뚝딱 쉽게 만들어지지 않았다. 플라스틱 달고나 체험을 통해서 모은 플라스틱으로 사람들이 직접 제품을 만들어보고, 새로운 플라스틱이 아니더라도 쓸 수 있는 물건을 만들 수 있다는 것과 왜 업사이클 제품들이 비싼 것인지를 알 수 있는 발판이 되기를 바라는 마음이다.

플라스틱을 녹여 새로운 물건으로 만들기 위해서는 플라스틱을 파쇄하고 녹이는 과정이 필요하다. 녹일 때 발생하는 유해 가스를 우려하시는 분이 분명 있을 것이다. 세계보건기구(WHO)에서는 플라스틱의 안전성에 대해 인체에 영향을 덜 미치는 원료로 PP, PE 재질을 꼽았다. 그래서 우리는 해당하는 두 가지 종류를 받고 있다. 하지만 연질(물컹한 재질인 빨대, 인공 눈물액 용기 등)은 파쇄하기 어렵다.

플라스틱 달고나 체험의 하이라이트는 직접 모은 플라스틱으로 하나뿐인 굿즈를 만들어보는 것이다. 플라스틱은 200도가 넘는 고열에 녹기 시작한다. 물의 끓는점인 100도보다도 훨씬 높은 온도인 250~290도에서 플라스틱을 녹여낸다. 뜨겁다 보니 장갑을 두 겹씩 끼고 안전에 유의하며 1:1로 안전하게 워크숍을 진행하고 있다. 플라스틱은 위대하고도 무서운 물질이다. 열만 가하면 다양한 물건을 뚝딱뚝딱 만들 수 있다.

● **플라스틱 달고나 체험 방법**

① 장갑을 두 겹씩 착용한다.

② 손보다 작은 플라스틱을 파쇄기에 파쇄한다. 파쇄기가 없을 땐 미리 파쇄한 플라스틱을 준비한다.

③ 원하는 모양의 금형을 준비하여 플라스틱이 사출되는 구멍과 금형을 잘 맞춰준다.

④ 플라스틱 주입구에 플라스틱을 담고 기계의 핸들을 돌려 녹은 플라스틱을 금형에 담는다.

⑤ 굳히는 데 시간을 준 다음, 다시 핸들을 돌려 고정된 금형을 꺼내준다.

⑥ (뜨거우니 손 조심!) 금형을 해체하면 나만의 굿즈 완성!

운동화 구매 시 받는 쓰레기가 된 운동화 끈

집에 어딘가 운동화 끈이 하나쯤 있을 것이다. 어렸을 때는 신발 밑창에 구멍이 뚫리거나 해져야 새 신발을 살 수 있었다. 한번 구매하면 오래 신다 보니 자주 세척도 하고 끈이 끊어지기도 했다. 그때는 새 끈이 필요했다. 그런데 언제부터인가 신발도 패션의 아이콘이 되어 쉽게 사고 버리게 되었다. 마르고 닳도록 신는 것이 아니라 패션 아이템으로 자리잡게 되면서 신발이 해지기 전에, 굽이 닳기도 전에 버리고 새로 구매하게 되었다. 이렇게 운동화를 새로 구매하고 버리는 주기가 짧아지면서 운동화를 살 때 받은 운동화 끈도 자연스럽게 집에 쌓이기 시작한 것 같다. 나조차도 집에 이렇게 사용하지 않고 방치한 운동화 끈이 꽤 있었다. 운동화 끈을 만들 때 더 튼튼하게 하기 위해 면 소재보다 합성 소재가 더 많이 사용된다. '볼주머니'라는 업체에서 천 주머니를 만들 때 사용하는 면 끈은 원재료를 구매해서 만들어지는데, 새로운 끈을 구매하는 대신 버려지는 운동화 끈으로 만들어보면 어떻겠냐는 제안을 했다.

이렇게 알맹상점 회수센터의 품목으로 운동화 끈을 추가하게 되었다. 길이도 소재도 굵기도 전부 제각각이라 운동화 끈을 재사용하면 시간이 더 오래 걸리고 작업이 어렵다고 말씀하시지만 버려지는 자원을 다시 사용하게 하는 것에 큰 의미가 있다며 좋아하신다.

2020년 9월부터 2021년 9월까지 1년 동안 모은 운동화 끈을 재사용하여 만들어진 주머니는 1,035개이다. 평생 팔아도 남을 만큼 운동화 끈이 창고 한가득 쌓인 것은 안 비밀이다. 운동화 회사에서도 끈을 수거해 재사용하거나 원하는 사람에게만 여분의 운동화 끈을 제공하면 좋겠다.

● **볼주머니** : 인스타그램 @cheek_pocket
다람쥐가 먹을 수 있을 만큼의 먹이를 볼에 저장하는 것처럼, 할 수 있을 만큼 소비하자는 모티브로 천과 자투리 소재를 이용해 다회용 물건을 제작, 판매한다.

실리콘은 재활용이 될까?

자연 상태에서 모래에 포함된 규소는 이산화규소 형태로 존재한다. 이산화규소를 실리카라고 한다. 실리카를 고온의 용광로에서 열처리하면 순수 규소만 남게 되는데 이것을 실리콘이라고한다. 사실 실리콘은 규소를 뜻하는 영어 명칭이다. 고온에서 실리콘과 산소를 화학적으로 합성하는 과정을 거치면 폴리실록산

(Polysiloxane)이 된다. 우리가 사용하는 실리콘 제품은 엄밀하게 말하면 실리콘과 산소의 합성과정을 거친 폴리실록산으로 만든 제품이다. 플라스틱이 탄소와 수소를 기반으로 인위적인 합성 과정을 거쳐 만든 고분자 물질이라면 실리콘은 실리콘(규소)과 산소의 합성 과정을 거쳐 만든 고분자 물질이다. 플라스틱과 실리콘은 전혀 다른 물질 기반을 가지고 있기 때문에 실리콘을 플라스틱이라고 말하기는 어렵다. 다만 합성 과정에서 실리콘에도 다양한 첨가제가 들어가는데 이 첨가제는 화석연료에서 추출한 화학 물질이 많이 사용된다. ◆

실리콘은 열에 노출되더라도 안전하다고 알려져 있지만, 실리콘의 안전성에 대해서는 여전히 논쟁이 있다. 의료용 실리콘으로 사용할 경우 국가 인증(ROHS, MSDS, FDA 등)이 필요하며, 의료 실리콘 재질은 인체에 사용된다. 1979년 미국 식약처(FDA)는 실리카를 식품 접촉 용기나 물품으로 사용하는 것이 안전하다는 평가를 내렸다. 그로부터 10년 후 실리콘으로 만든 최초의 주걱이 출시되었다.

이후 실리콘 제품의 안전성에 대한 제대로 된 평가는 없었다고 환경 단체들은 비판한다. 캐나다의 '플라스틱 없는 삶(Life Without Plastic)'은 실리콘의 유해성에 대한 문헌검토 결과 식품, 특히 지방이 있는 식품에 오랫동안 접촉할 경우 실록산이 식품에 유출될 수 있고, 실록산은 발암 의심 물질 혹은 환경 호르몬 가능성이 있다고 평가하고 있다.

또한 실리콘은 폐기물로 배출될 경우 재활용이 거의 되지 않고(실리콘 폐기물만을 별도 배출 후 수거해야 하는데, 생활 폐기물의 경우 실리콘 폐기물만을 별도 선별하는 시스템이 없음), 플라스틱과 마찬가지로 환경에 배출되었을 때 분해되는 데 매우 오랜 시간이 걸리고, 분해되는 과정에서 첨가제가 유출된다고 한다.

한편 우리가 고무패킹이라고 생각하는 것 중에서도 상당수가 실리콘 재질이다. 아이들 젖병, 컵, 핸드폰 케이스, 얼음틀, 조리 도구로도 자주 사용된다. 이런 실리콘은 어떻게 분리배출해야 할까? 정답은 슬프게도 일반 쓰레기이다. 재활용을 위해서는 많은 양을 모아 보관할 수 있는 공간이 필요하다. 현재는 제로웨이스트 가게 등에서 1차적으로 모은 다음, 재활용 업체에서 2차로 모아 수출하는 과정을 거쳐야 재활용이 가능하다. 상점에서 모은 실리콘은 스텐 도시락 업체인 '데펜소'의 물류 창고로 보낸 후, 중국으로 수출해 재활용한다. (현재 한국에서는 실리콘을 재활용하는 업체가 없다.) 실리콘도 혼합 재질이다 보니 일부 성분만 추출하여 수요 기업에게 판매한다고 한다. 전자기기 버튼, 화장품, 화공 약품 등 여러 곳에 사용된다.

● 실리콘 분리배출

실리콘은 현재 일반 쓰레기로 버려야 한다. 알맹상점에 소재가 섞여 있지 않는 순수한 실리콘을 가져다주면 재활용이 가능하다. 내가 사용하는 반찬통을 만드는 기업이 실리콘을 수거해 재활용할 수 있도록 목소리를 내보는 것은 어떨까?

● 데펜소 : https://dkinz.com/

스텐 도시락 용기 제조업체로, 폐실리콘을 선별해 재활용 업체로 보낸다.

버려진 크레용은 녹여 재사용이 가능하다

어린 시절 누구나 크레용으로 그림을 그려봤을 것이다. 다양한 색상의 크레용들은 집 어디에 숨어 있다가 다 사용되지 못한 채로 버려진다. 알맹상점의 '물건공유 센터'에 한동안 크레용이 많이 들어왔다. 물려주면 좋겠지만 나조차 몇 번 사용해 뭉툭해진 크레용을 아이에게 선물하기는 어려웠다. '새 물건의 값이 얼마나 한다고, 새 것 사주지 뭐' 하는 마음의 소리가 들린다.

어렸을 때는 언니가 입었던 옷, 사용했던 공책 등 언니의 물건을 물려받으면 그렇게 싫었다. 내가 가지고 싶은 물건은 따로 있는데, 선택도 하기 전에 물려받게 되니 선택이 무의미하고 무시받는 기분이 들었던 것 같다. 새로운 물건을 가지고 싶은 욕구도 컸다. 하지만 지금은 오히려 부모님이나 언니가 사용했던 물건을 쓸 때 새 물건보다 애틋하고 기분이 좋아진다.

물건공유 센터에 자주 보이는 크레용을 어떻게 잘 활용하면 좋을지 고민해보았다. 그러다가 '쓸킷'이라는 곳을 알게 되었다. 쓸킷에서는 흔히 사용하는 오일 파스텔(Oil Pastel)로 규정된 크레파스를 받고 있다. 크레욜라, 파스넷, 글라스 크레용, 색연필, 손에 묻지 않는 크레파스도 회수가 가능하다.

크레용은 브랜드에 따라 녹는점이 달라, 같은 브랜드의 크레용끼리 모아서 녹여 다시 쓸 수 있는 크레용을 만든다. 아이가 있는 집이라면 보통 한 세트 이상의 크레용을 가지고 있을 테니, 엄청난 쓰레기 빌런 중 하나일 것이다. 크레용을 몽당연필처럼 다 쓴 사람을 본 적은 없는 것 같다. (나만 못 본 건가?) 크레용을 녹여 새로운 모양으로 다시 만들어 리크레용이라는 이름으로 판매하는 것은 자원 재활용이라는 점에서 큰 의미가 있다. 알맹상점에서도 리크레용을 판매하고 있다. 사용했던 크레용을 물려주거나 플라스틱 케이스에 담긴 크레파스를 이제 선물하고 싶지 않다면 대신 리크레용을 선물하면 어떨까?

양파망도 재활용할 수 있다면

원칙적으로 생산자재활용책임제도(EPR)에 포함되는 양파망은 비닐로 분리배출하면 된다고 안내한다. 하지만 현실에서는 전혀 재활용이 안 된다. 보통 소비자에게는 선택권이 없고, 양파를 사면 망도 덤으로 온다. 양파망 쓰레기가 많이 모일 수밖에 없는 환경이다.

플라스틱으로 만든 튼튼한 양파망은 한 번 사용하고 버리기 아까운 자원이다. 상점에서는 양파망을 모아서 주머니를 만드는 곳에 보냈다. 양파망은 계속 쌓이고, 파우치로 재탄생한 자원 역시 소비가 되지 않는다면 결국 또 다른 형태의 재화로 쌓이게 된다. 만약 양파망의 크기를 일원화하여 수거 후 다시 재사용할 수 있다면 얼마나 좋을까?

양파 생산지와 소비자의 거리가 멀어 주로 유통업체나 소매업체에서 물건을 사기 때문에 망을 모아 생산지로 돌려보내기는 현실적으로 어렵다. 제일 좋은 방법은 깨끗한 양파망을 모아 재사용해주는 곳을 찾거나 재사용을 요청드리는 것인데, 코로나를 겪는 요즘은 이 방법에도 어려움이 있다. 어떻게 하면 선순환을 시킬 수 있을지 계속 고민한다.

언니네텃밭에서 농부님들이 야채 꾸러미를 담는 데 재사용하겠다고 반가운 제안을 주셔서 상점에서 한때는 모으기를 중단했던 양파망을 크기별로 세 가지로 나눠 분류한 다음 보내드리고 있다. 양파망은 알맹상점 도매몰에서 물건이 흩어지지 않게 모아서 보내는 용도로 사용하거나 식품 소포장에 사용하고, 일상에서 파우치처럼 활용하기도 한다.

생산자와 공급자가 가까우면 해결될 쓰레기는 생각보다 많다. 과일을 포장하는 데 사용하는 스펀지, 택배 포장재 뽁뽁이 등을 생각해보면 다시 세척해서 재사용이 가능할 물건들이 정말 많다.

● **양파망 재사용 팁**
방법 1. 양파망을 세척해서 비누를 담아 비누 주머니로 사용하기
방법 2. 맛있는 과일을 살 때 담는 장바구니로 활용하기

● **언니네텃밭**
농촌의 여성 생산자들이 키워낸 농작물을 공급하는 단체다. 알맹상점

에서 수거해 크기별로 분류한 양파망은 언니네텃밭에서 농작물 꾸러미를 담는 용도로 재사용된다.

집에서 잠자고 있는 에코백과 종이백을 받습니다

한때 기념품으로 텀블러와 에코백이 유행했다. 어디를 가더라도 두 가지 물건을 흔히 받았다. 친언니는 학교 선생님인데, 방학 때 교육을 받거나 연수를 갔다 오면 '○○ 교육청'이라는 이름이 새겨진 텀블러가 집에 쌓인다. 볼 때마다 가방과 텀블러 대신 현찰을 주면 좋았을 것이라는 내면의 소리가 나온다.

망원시장에서 플라스틱 없이 장 보기 캠페인을 하면서 잠자고 있는 에코백을 기부받기 시작했다. 퇴근길에 장바구니가 없으면 검은 비닐봉지를 쓸 수밖에 없다. 시장에서 장을 볼 때에도 장바구니 대여가 가능하면 얼마나 좋을까. 이미 나와 있는 것을 활용해보자는 취지에서 집에 있는 에코백을 기부받았다. 3개월 만에 1천 개 넘는 에코백이 모였다. 이 에코백들을 카페엠에 비치해두고 자유롭게 빌려갈 수 있도록 하였다. 그러면서 에코백과 기부받은 종이백을 무료로 상인분께도 나눠드리고, 잘 사용해달라는 당부도 드렸다. 알맹상점이 생기고 난 뒤에도 에코백과 종이백을 받아 망원시장 상인분들께 나눠드리며 사용할 수 있도록 지속적으로 독려하고, 상점에서 상품을 구매하신 분 역시 필요하다면 사용하실 수 있도록 안내하고 있다.

휴대용 정수 필터 '브리타 정수 필터'

어느 날 '십년후연구소'에서 브리타 필터를 드릴로 구멍을 뚫어 해킹을 해서 다시 사용하는 실험을 한다는 소식을 들었다. 브리타 정수기 필터 워크숍을 한다면 사람들이 모일지가 궁금해서 열 명만 모아보자고 일을 벌였다. 그러나 몇 시간 만에 브리타 필터가 버려지는 것을 싫어하는 사람이 100명도 넘게 모였다. 우리는 폐필터는 재활용이 안 되니 버리지 말고 상점으로 가지고 와달라고도 했다. 모아서 어택을 하고 브리타코리아에 가져다줄 생각이었다.

이젠 개인적으로도 필터 회수 신청이 가능하다. 여섯 개 이상 모아서 브리타코리아에 회수신청 접수를 한 뒤 포장해 집 앞에 두면 무료로 수거해간다. 브리타에서 사용하는 모든 필터가 회수 가능하다.

● 브리타 필터 재활용 과정

브리타 필터는 총 네 가지의 구성품으로 구성되어 있다.

① 필터 본체(PP 소재)

② 초미세그물망(패브릭 소재)

③ 이온교환수지

④ 초정밀 입상활성탄

브리타 필터의 모든 구성품은 재활용될 예정이며, 이 중 가장 많은 비율을 차지하고 있는 PP 소재의 필터 본체 먼저 재활용된다. 기타 소재들도 일정 기간 보관 이후 일정 수거량 이상이 모이면 모두 재활용될 예정이다. 이온교환수지와 초정밀 입상활성탄은 산업수 처리시설에서 재활용되고 나머지는 각 재질별로 새로운 재활용 원료로 활용된다.

재활용을 넘어 필터 껍데기를 교체할 수 있도록 다시 디자인하는 방법은 본사와 긴 논의가 필요한 상황이라 당장은 어렵지만 앞으로 개발에 노력하겠다는 답변을 받았다. 브리타 자체에서 내용물을 리필해 재사용할 수 있는 필터가 출시되면 얼마나 좋을까.

● 브리타 필터 재사용할 수 있도록 만들기

준비물 : 폐필터, 활성탄 새 알맹이, 전동드릴, 전동드릴 날, 마개

① 브리타 필터를 3~4일간 잘 말린다.

② 전동드릴과 전용 드릴날을 준비한다.

③ 마개 구멍에 맞게 필터에 구멍을 뚫는다.

④ 다 사용한 활성탄을 꺼낸 후 새 활성탄 알맹이를 넣는다.

⑤ 마개를 막아서 재사용한다.

유튜브 '금자의 쓰레기덕질 ZeroWaste'
브리타 정수기 필터 리필 재사용♻ | 해킹하는 방법

● **브리타 그린리프 멤버십 신청 방법**
브리타코리아 홈페이지에서 그린리프 캠페인을 클릭하면 폐필터 회수 신청을 할 수 있다. 필터를 여섯 개 이상 모은 뒤 신청하면 브리타코리아 측에서 택배로 회수하는 방식이다. 하지만 개인이 필터를 여섯 개 이상 모으려면 6개월 이상 시간이 소요되는 경우가 많아 전국 제로웨이스트 가게에서 브리타 필터를 회수하고 있다.
알맹상점은 2021년 9월부터 본격적으로 자원회수 목록에 브리타 필터를 추가하였고, 전국 제로웨이스트 가게 27곳이 함께 동참하고 있다.

브리타 그린리프 멤버십

깨끗하게 세척·소독된 유리병, 페트병

입구가 크고 넓은 병을 리필용으로 재사용하기 위해 받고 있다. 기부받은 유리병은 열탕 소독하고, 페트병은 깨끗하게 세척해 살균소독기에 넣고 소독 후 리필할 수 있게 비치한다. 병의 입구가 좁으면 리필이 어려워 받지 않는다. 한 사람당 세 개씩으로 개수 제한을 둔 이유는 그 정도까지는 위생적으로 관리가 가능하다고 판단했기 때문이다. 페트병은 500밀리리터 이하를 받고 있다. 상점의 상황에 맞춰 병 수거 여부는 유동적이다.

사실 일회용이 아니었다, 폐카트리지, 토너

폐카트리지와 폐토너도 재활용이 안 되고 있다. 기술적으로 폐카트리지와 폐토너를 재제조하면 얼마든지 다시 사용할 수 있다. 사용한 제품을 체계적으로 회수하여 분해, 세척, 검사, 보수, 재조립 등을 거쳐 원래 신제품의 질과 유사하게 만드는 것을 재제조라고 한다. 전문적인 기술로 질 좋은 같은 제품으로 다시 만드는 것이다. 재제조 카트리지는 신품 대비 가격이 30~50%이고, 품질은 신품과 동등하거나 95% 수준을 유지한다. 또한 원재료의 대부분을 그대로 사용하기 때문에 에너지 85%, 공업용수 86%, 자원 85%를 절감하는 효과가 있다. 현재 한국에서 재제조품의 시장점유율은 12~14%인 반면 미국은 40% 수준이다. 한국에서도 더 많은 재제조품이 나오고 사용되었으면 한다.

그동안 재제조품과 단순 재생품이 구분되지 않기 때문에 재생 카트리지가 질이 나쁜 제품으로 오해를 받았다. 2022년부터 재

127

제조품에는 재제조 표시가 붙어 소비자가 쉽게 알 수 있게 된다. 올해는 표시 계도기간이지만 이후에는 표시가 의무화된다. 재제조 카트리지와 토너를 찾아 구매해보자. 자원을 절약하고, 재제조 기술을 살리고, 쓰레기를 줄이고, 좋은 제품을 찾는 방법이다.

알맹상점 등 제로웨이스트 가게에서 모은 폐카트리지는 충남의 한 업체로 보내 재제조를 거친 후 새 모습으로 사용된다. 재활용을 위한 택배 비용은 수거 거점인 제로웨이스트 가게들이 각자 부담하고 있다.

잠시 동안 모은 쓰레기, 바뀔 것을 요구합니다

나무젓가락

한국에서 사용하는 일회용 나무젓가락은 연간 25억 개라고 한다.[*] 플라스틱이 아니니까, 배달시키면 공짜로 줘서 등 다양한 이유로 서랍에 일회용 나무젓가락이 차곡차곡 쌓여가고 있진 않은가?

이 나무젓가락은 진짜 순수하게 나무로만 만들어진 것일까? 정답은 아니오. 일회용 나무젓가락은 상온에서 오랫동안 보관할 수 있도록 약품으로 표백하고 곰팡이가 생기지 않도록 방부 처리도 한다. 물고기가 사는 어항에 일회용 젓가락을 넣자 독성으로 인해 금붕어가 죽었다는 실험 결과도 있다. 나무젓가락에 흔히 사용되는 약품들은 간세포에 영향을 주고, 위벽 괴사와 염증 발생, 장내선증과 암 발생, 성장 저해, 불임, 식도 통증 및 구토, 설사, 혈변, 피부염, 두통 등을 일으키는 독성이 확인되기도 했다. 그리고 나무젓가락은 자연에서 분해되는 데 20년 이상 걸린다. 만드는 과정에서는 수많은 나무를 없애고 자연을 훼손하고 있다. 나무젓가락이 정말 편리하고 위생적일까?

인스타그램에서 우연히 나무젓가락으로 비누 받침을 만드는 작가님을 알게 되어서 연락을 드렸다. 상점에서도 한때 둥글게 생긴 나무젓가락을 기부받아서 작가님께 드렸다. 상점에서 이렇게 나무젓가락을 업사이클한 비누 받침대를 판매한다. 뜯지 않은 새 나무젓가락은 모았다가 받은 업체나 가까운 편의점에 가져다주면 재사용이 가능하다.

선! 도주자, 고장난 전선을 모읍니다 <2022년 3월~6월>

냉장고를 사면 그전에 사용하던 냉장고를 수거해간다. 바로 폐전자제품 의무 재활용 덕분이다. 전자제품, 전자 폐기물은 여러 유해한 중금속을 포함하고 있어 토양과 상수도를 오염시켜 제대로 관리를 해야 한다. 환경을 오염시키는 것을 막고 전자제품 안에 든 금속은 캐내서 재활용한다. 폐전자제품 속 광물을 캐내는 일을 하시는 분들을 도시 광부라고 부르기도 한다. 금속 양이 적은 작은 폐전자제품은 재활용 의무 대상에서 빠져 있다. 워낙 전자제품이 많아서 큰 것만 재활용하는 것이다. 작은 폐전자제품인 이어폰, 멀티탭, 충전선, 카트리지, 토너는 소모품이라 자주 버려지지만 금속이 들어 있어 버리면 안 된다. 작은 소형 가전, 각종 전선 등 폐전자제품이 재활용 대상 제품군에 하루빨리 속할 수 있기를.

케이블 충전선 같은 연결선도 모아 수거하면 재활용이 가능한데, 주변에 모으는 곳이 없다면 일반 쓰레기로 버려야 한다. 서울시 '제로마켓'과 선을 재활용하기 위한 회수 캠페인을 진행 중이다. 2022년 3월부터 6월까지 연결선과 이어폰을 알맹상점의 회수 품목으로 지정했고, 다른 제로웨이스트 가게에서도 같이 모으기 시작했다. 이렇게 모은 선은 서울도시금속회수센터(SR)로 보내 구리를 추출하여 재활용한다. 선을 일반 쓰레기로 버리는 대신 제로웨이스트 가게로 보내자! 회수 거점인 제로웨이스트 가게에 가져다주면 캠페인에 동참할 수 있다.

플라스틱 앨범 처리 1반 : 지속가능한 케이팝 문화를 꿈꾼다 <2022년 3월>
지금은 웹으로, 앱으로 클릭만 하면 음악이 나오는 세상이 되었다. 전에 샀던 CD를 이제 안 듣는다고 해서 쓰레기통에 버리기엔 죄책감도 들고 아직 떠나보낼 마음의 준비가 안 된 사람도 있을 것이다.

플라스틱 CD 없이도 음반을 판매하고 들을 수 있으니 엔터테

인먼트 회사들이 바뀔 필요가 있다. 2021년 실물 플라스틱 앨범 판매량은 약 5억 708만 9천 160장이나 된다.♦ 전 세계에서 플라스틱 문제가 심각한 요즘, 케이팝 산업도 책임감과 앨범에 대한 문제 해결 의지를 가져야 할 것이다. 모은 CD는 엔터테인먼트사에 전달할 예정이다.

빵칼아웃 : 파리바게트의 빵칼 반납운동 <2021년 11월 13일~28일>

집집마다 새 빵칼이 서너 개씩 있을 것이다. 케이크류를 구매하면 자동으로 따라오는 빵칼도 필요한 사람에게만 제공될 수 있기를 바라는 마음으로 시민들이 시작한 '빵칼아웃'에 알맹상점도 참여했다. 사용하지 않은 빵칼을 모아 종이 박스 안의 플라스틱 칼을 빼 달라는 내용의 편지와 함께 파리바게트에 전달했다. 그 결과 2022년 2월 17일부터 전국 파리바게트 매장에서 빵칼을 원하는 고객에게만 제공하게 되었다. 자발적으로 참여하고 공감하는 시민과 그 목소리에 귀기울이는 착한 기업에 박수를 보낸다.

• **알맹상점 커뮤니티 자원회수센터 회수품목(2022년 4월 기준)**
‐ 종이팩(멸균팩, 일반팩) : 펼쳐서 씻어 말려오세요.
‐ 손바닥보다 작은 PP/PE 병뚜껑 : 병뚜껑 안에 완충제가 들어 있는 것은 받지 않아요. 색깔별로 분리해주세요.

- 말린 커피 찌꺼기 : 습기에 취약해 곰팡이가 필 수 있어 말려온 것만 받아요.
- 양파망 : 깨끗하게 세척 후 가져다주세요.
- 크레용 : 케이스 그대로 가져다주세요.
- 페브리타 필터 : 말려서 가지고 오세요.
- 유리 용기 및 플라스틱 용기 : 뚜껑이 있어 밀폐가 가능하고, 입구가 크고 깨끗하게 세척된 것을 하루에 인당 세 개까지 받아요.
- 실리콘
- 전선류
- 폐카트리지, 폐토너
- 운동화 끈(일시중단)
- 장바구니, 에코백(일시중단)
- 종이백(일시중단)

알맹상점의 자원순환 통계

알맹상점의 커뮤니티 자원회수센터에서 2020년 6월 15일부터 22년 3월 23일까지 모은 쓰레기가 될 뻔한 자원의 양을 결산해보았다. 작은 플라스틱 PP, PE는 2,473,265그램, 종이팩(일반팩, 멸균팩) 3,882,594그램, 원두가루 1,734,183그램, 실리콘 14,394그램, 브리타 필터 160,814그램, 양파망과 크레용은 9,080그램으로 총 8,274,330그램 즉 8,274킬로그램이 버려지지 않고 재활용되었다. (운동화 끈, 에코백, 종이백, 공유센터에서 공유된 물건은 제외한 통계이다. 기부받으며 입력한 데이터로, 누락된 쓰레기가 생각보다 많다.)

시민들이 함께 모아주신 덕분에 이렇게 많은 자원을 순환시킬 수 있었다. 우리 알맹러님들과 매일 쓰레기를 패킹하고 있을 매니저님들께 감사 인사드립니다.

(단위 : 그램)	PP/PE	종이팩	원두 가루	실리콘	브리타 필터	양파망/ 크레용
20. 6~7	11,467	48,281	80,312	–	–	–
20. 8	4,002	16,288	63,366	70	–	–
20. 9	17,039	47,134	36,304	355	–	–
20. 10	61,959	152,191	122,035	694	–	–
20. 11	131,561	317,222	190,010	1,658	–	–
20. 12	186,669	439,563	244,744	1,765	–	–
21. 1	57,141	137,296	108,850	420	–	–

21. 2	56,114	141,187	53,714	191	–	–
21. 3	65,713	165,393	67,340	–	–	–
21. 4	70,411	151,673	64,554	66	–	–
21. 5	62,796	15,888	35,039	1,409	–	–
21. 6	70,817	156,348	42,589	5	–	–
21. 7	113,503	181,643	45,551	1,240	–	65
21. 8	94,659	170,518	61,633	611	–	277
21. 9	227,215	260,476	48,256	587	–	1,162
21. 10	121,666	254,888	71,340	169	1,301	1,384
21. 11	87,106	319,535	53,188	111	5,249	1,066
21. 12	743,088	137,186	82,525	280	6,562	10
22. 1	113,070	288,833	78,800	463	29,819	116
22. 2	103,658	254,805	91,452	1,300	64,825	–
22. 3	73,611	226,246	92,581	3,000	51,010	5,000

알맹상점 2호점, 서울역 리스테이션

일회용 컵이 없는 카페

2019년 여름, 일회용 컵 보증금제 부활을 위한 플라스틱 컵 어택을 진행했다. 시민들과 홍대 앞에서 테이크아웃 컵을 주웠다. 이날은 주운 컵을 브랜드별로 분류해서 가장 많이 나온 1등 카페에 주운 컵을 돌려줬다. 캠페인 이후 쓰레기 덕질 회원들은 금자님 집에서 주운 컵을 전부 씻고 말려서 어디로 보낼지를 애타게 찾았다고 한다. 재활용 업체들에 전화해서 재활용해달라고 요청했지만 모두 테이크아웃 컵은 재활용하지 않는다면서 수거를 거부했다. 이후 다행히 서울시 새활용 플라자에서 화분 만들기에 사용하겠다고 받아주셨다.

2019년 9월, 2차 어택이 시작되었다. 일회용 컵의 보증금을 부활시키기 위해서 환경 단체와 시민들과 함께 나와 남편도 더운 여름 홍대 앞 거리로 나갔다. 시민 54명이 홍대 일대에 버려진 일회용 컵을 주웠다. 겨우 1시간 30분 만에 1,253개의 컵을 수거했다. 홍대 앞 거리는 처참했다. 음료가 남은 그대로 버려진 컵, 유제품 크림이 남아 있는 컵들의 악취가 심했다. 아이러니하게도 불법 투기 금지라고 표시된 곳에 가장 많이 버려져 있었다. 어떻게 이렇게 무책임하게 버릴 수 있는지, 이렇게 버리면 누구한테 치우라는 것인지 생각하며 분노했다. 컵을 줍고 개수를 센 뒤 짧게 기자회견도 했다. 기자회견과 함께 온라인 액션을 하며 컵 보증금제도의 도입을 다시 요구했다. 많은 분이 목소리를 함께 낸 덕분에 「자원의 절약과 재활용 촉진에 관한 법률」 개정안이 국회에서 통과되었다. 더 이상 일회용 컵이 방치되지 않는다!

일회용 컵 보증금 제도 부활의 쾌거를 축하하는 파티도 알맹상점에서 진행했다. 그리고 쓰레기를 줄이기 위해서 알맹상점 2호점 서울역 리스테이션에서는 더 다양한 시도를 해보기로 했다. 비건 카페이자, 다회용 컵 사용을 실험하는 공간으로 운영하기로 한 것이다.

예쁜 유리컵을 포기한 이유?

힙한 카페에서 찍은 사진에는 예쁜 유리잔에 에스프레소와 우유의 그라데이션 샷이 빠지지 않고 등장한다. 2호점 리스테이션 카페에서 유리잔이 아닌 다회용 컵을 사용하기로 결정하면서 약간의 아쉬움이 있었다. 커피 맛집은 인증샷이 생명인데 하는 아쉬운 마음도 잠시, 우리가 사용하는 컵도 내용물은 잘 안 보이지만 예쁜 컵이니 기죽지 않기로 했다. 우리의 컵도 인기가 많고 탐내는 분도 많다. 대여한 컵이라고 말씀드리고, 보증금을 잘 설명드려도 구매가 가능하다고 여기시기도 한다.

다회용 컵은 '트래쉬 버스터즈'에서 대여해 사용한다. 코로나 시대에 컵의 세척과 소독을 신뢰할 수 있는 곳에 맡기는 것이 좋고, 직접 컵을 세척할 때 드는 시간을 아껴 다른 일과 업무에 집중할 수 있다.

메뉴 주문부터 컵 수거까지 많은 설명이 필요하다. 다 사용한 컵을 회수하는 곳에 넣으면 되냐는 질문이 아니라 여기에 '버리면' 되느냐는 질문을 많이 들었다. 트래쉬 버스터즈에게 공연이나 행사를 할 때 다회용 컵과 보증금에 대해 설명하고 컵을 대여해도 행사를 마친 후 쓰레기통에서 다회용 컵이 발견된다는 말을 들었을 때 너무 충격적이었다. 무섭게도 이미 많은 사람의 인식 속에 플라스틱 컵은 일회용품으로 둔갑되어 있었다.

우리 가게에서는 본인의 용기인 텀블러를 가지고 오신 분들에게 1천 원을 할인해드린다. 그런데도 텀블러를 들고 다니는 귀찮음을 더 크게 느끼고 그 정도는 기꺼이 지불하는 손님이 많다. 요즘 은행 이자도 1천 원 받기 어려운데 말이다.

현재 2호점을 약 1년 가까이 운영해본 결과, 많은 손님이 일회용 컵이 없는 카페에 적잖이 당황해하고, 다회용 컵 보증금에 대한 이해도 쉽지는 않은 것 같다. '컵 보증금을 결제하면 컵을 다시 돌려줄 때 보증금을 돌려받는다'는 말에 보증금을 결제하지 않은 컵을 돌려주며 '왜 돈을 안 주냐'고 화를 내는 손님이 하루에 한두 분씩 있다.

본인의 용기를 들고 오지 않고 테이크아웃하는 분에게는 다회용 컵을 대여해드리고 2천 원의 컵 보증금을 받는다. 일회용 컵 대신 다회용 컵을 사용한다고 설명하면 불편한 내색을 하는 분도 있고, 제공된 다회용 컵에 입이 닿는 것이 싫다며 일회용 빨대를 찾으시는 분도 종종 계신다. 이용하기 어렵고 귀찮다고 그냥 돌아서는 손님도 제법 있다. 우린 무슨 배짱인지 돌아가는 분들을 잡지 않는다. 그리고 친절하게 근처 마트나 아울렛에 커피숍들이 많다고 안내도 해드린다.

환경부는 매장 내 일회용품 사용을 규제하다가 코로나에 발맞춰 다시 일회용품 사용 규제를 풀었다. 사람들은 일회용품이 더 위생적이라고 쉽게 생각한다. 하지만 사용 이후 버려진 컵이 어떻게 될지 꼬집어봐야 한다. 테이크아웃으로 사용한 컵들이 길거리에 나뒹굴 때 같이 떠다니는 코로나 바이러스는 어떻게 할 것인지, 개인이 사용하고 버린 컵을 모아 플라스틱으로 배출하게 되면 재활용 업체에서 감당할 감염에 대한 위생적인 문제는 고민하고 있는 것인지…. 정말 바이러스 전파의 위험성과 안전상의 문제로 일회용품 사용 규제를 완화했다면 폐기할 때도 의료용 폐기물처럼 따로 분류해 철저히 관리해야 하지 않을까?

일회용 컵 보증금 제도는 2002년부터 2008년까지 패스트푸드점, 테이크아웃 커피숍에서 '자발적 협약' 형태로 시행되었다가 폐지되었다. 이 제도가 폐지되면서 일회용 컵의 사용이 제도 시행 기간의 평균 4배 이상 증가한 것으로 나타났다. 일회용 컵은 사용된 다음 거리의 쓰레기 문제를 야기하기도 해서 컵 보증금 제도의 재도입이 논의된 적이 있다. 그러나 일부 업체가 미반환 보증금을 기업의 판촉 비용으로 사용한 사실이 밝혀지면서 2008년 보증금 제도는 사라지게 되었다.

길에 버려진 컵을 볼 때마다 제도의 부활이 시급하다고 느꼈다. 환경부의 보도자료에 의거하면 당시 참여 업체 기준 사용량은 2007년 4.2억 개, 최근 2018년의 컵 사용량은 25억 개, 개인이 운영하는 매장을 포함하면 61억 개(7만 323톤)로 추산되었다.◆ 그러나 컵이 재활용되는 비율은 고작 5%다.

일회용 컵 어택할 때 서울에서 깨끗하게 세척한 일회용 컵을 재활용하는 업체를 찾아보았는데, 충격적이지만 재활용하는 업체가 단 한 곳도 없었다. 이렇게 많이 소비되고 있는 테이크아웃 컵이 전부 소각 또는 매립되는 것이다. 일회용 플라스틱 컵의 소재로는 PP, PE, PET, PS 등이 다양하게 사용되고 있다. 컵들이 선별 업체의 컨베이어 벨트에 올라가더라도 소재가 제각각이라 구분해내기는 현실적으로 불가능한 것이다. 거기다 가게 로고를 새기면서 질이 떨어지다 보니 플라스틱 컵 선별을 포기하게 되었다.

2021년 9월, 환경부는 2022년 2월부터 테이크아웃 컵을 페트(PET) 재질로 단일화하겠다고 발표했다. 자세히 살펴보니 플라스틱 컵에 대해 2018년도부터 의무적인 적용이 아닌 자발적인 협약으로 재질 일원화를 진행하고 있었다. 개인 카페가 훨씬 많은데도 불구하고, 일괄 의무 적용이 아니라 자발적으로 협약을 체결한 21개 패스트푸드 업체만 일회용 컵을 페트 재질로 단일화한 것이다. 개인 매장에서도 빨리 의무 적용되고, 잘 관리되어 모든 일회용 컵이 재활용되는 날이 오기를 기다린다.

일회용 컵 보증금 제도에 따라 전국 2만여 개의 매장에서 커피나 음료 등을 주문할 때 일회용 컵을 사용하면 보증금으로 일정 금액을 지불해야 한다. 사용한 컵을 매장에 반납하면 지불한 돈을 다시 돌려받는다.

일회용 컵 보증금제도는 컵을 관리감독할 수 있고, 일회용 컵들이 반납되는 데 크게 도움이 될 것이다. 이렇게 재활용이 용이하게 이루어지면 온실가스를 66% 이상 줄일 수 있고, 소각할 때와 비교하여 연간 445억 원 이상의 편익도 기대된다고 한다.

코로나 시대를 맞아 일회용품 사용이 위생적으로 느껴질 수 있지만, 내가 사용할 용기는 내가 세척해 사용하는 것이 오히려 더 위생적일 수 있다. 전 세계 공중보건, 식품안전 분야의 의사 및 과학자들은 '기본 위생 수칙을 잘 지킨다면 다회용품 재사용이 일회용품보다 코로나 19에 더 안전하다'고 말한다. 서울, 수도권 지역에서도 하루빨리 다회용기 문화가 정착되고 내 용기를 사용하는 것이 특별한 것이 아니라 일상적인 문화로 자리잡기를 희망해본다.

2021년 7월부터 12월까지 알맹상점 2호점 리스테이션 카페의 컵 회수율은 66% 정도로 집계되었다. 2022년 3월까지 다회용 컵 사용으로 5,669개의 일회용 컵 사용을 줄일 수 있었다.

2021년 7월부터 제주도 지역의 스타벅스 매장 네 개 지점에서 일회용 컵 사용을 중단했다. 6개월 이후 2021년 12월부터는 제주도 전 지역의 스타벅스 매장에서 일회용 컵이 사라졌다. 이 방법으로 연간 일회용 컵 500만 개의 사용을 감축할 수 있을 것으로 기대된다. 특히 관광객이 많은 제주도는 관광객이 사용한 컵에 대해 대책을 마련하기 위해 노력하고 있다.

재사용 컵 사용 활성화는 시민들이 사용한 컵을 반납 장소에 반납하면, 세척 업체로 수거되어 세척 후, 깨끗해진 컵을 사용할 업체에 다시 가져다줄 수 있도록 연결이 되어야 가능하다. 이를 위해 제주에서는 공공 기관과 대기업, 가게가 함께 여러 시도를 하고 있다. SK텔레콤은 다회용 컵 회수, 세척 시스템을 구축하고 무인 반납 기계를 운영하며, CJ 대한통운은 전기자동차를 이용해 반납기에 수거된 다회용 컵 배송 시스템을 구축, 운영하기로 했다. SK행복커넥트에서는 다회용 컵 세척 및 보증금 운영을 담당한다. 너무나 멋지지 않은가. 지자체와 기업이 함께 움직이면 새롭고 힙한 시스템을 충분히 만들 수 있다는 가능성을 보여주는 성공 사례이다. 정말 부러울 뿐이다.

일회용 컵 없는 카페인 보틀팩토리에서는 처음에 기부 받은 텀블러를 사용하다가 현재 리유저블 컵을 제작해 다양한 공간과 협약하여 동일한 컵을 사용하고 있다. 소비자는 테이크아웃하여 사용한 다음 협약한 다른 공간에서도 컵 반납을 할 수 있다. 개인 회원 카드로 대여와 반납 날짜를 작성할 수 있다. 앞으로 더 다양한 다회용 서비스 모델이 나오기를 기대해본다.

서울시는 2021년 11월부터 '일회용 컵 없는 카페 만들기'에 나섰다. 서울 시청 일대에 위치한 카페를 대상으로 시범 사업을 실시한 뒤, 서울 전 지역 프랜차이즈 카페에 다회용 컵을 전면 도입할 계획이라고 발표했다.

제주에는 플라스틱에 담긴 생수병 사용을 줄이기 위해 노력하는 단체인 '지구별약수터'도 있다. 지구별약수터는 관광객이나 현지인이 생수를 사 마시는 대신 텀블러를 들고 다니며 무료로 생수를 받아갈 수 있도록 거점(약수터)을 만들고, 약수터 지도를 공유한다. 제주 내에서 텀블러를 대여해주는 스타트업 '제주푸른컵'도 있다. 제주 공항에서 일정 보증금을 지불하고 푸른컵(텀블러)을 대여하면 텀블러 할인이 있는 카페, 종이 빨대를 사용하는 카페, 일회용품을 쓰지 않는 가게 등이 표시된 지도를 함께 준다. 여행이 끝나면 공항에서 사용했던 푸른컵을 반납하고, 보증금을 그대로 돌려받을 수 있다.

미닝아웃 : 지속가능한 먹거리를 위하여

우리도 맛있는 비건 초코두유를 팔고 싶다

자본주의에서 목소리를 크게 낼 수 있는 방법은 돈을 내는 개인이 소비의 형태, 행동을 바꾸는 것이다. 이렇게 소비를 통해서 자신의 신념이나 가치관을 표현하는 것을 '미닝아웃'이라고 한다. (미닝아웃 : 정치적, 사회적 신념이나 가치관, 취향, 성향, 주장 등을 밖으로 드러내는 행위를 말하며 커밍아웃에 빗대어 만든 신조어이다.) 지속가능한 먹거리를 찾는 소비자들이 늘어나고 있으며 동물복지 인증 제품부터 비건 간식, 음료 등 다양한 제품이 출시되고 있다. 좋은 움직임이다.

2호점을 준비하며 우리는 쓰레기 없는, 일회용 컵 없는 가게를 운영해야겠다고 생각했다. 그런데 뭔지 모를 아쉬움이 있었다. 일회용품 문제뿐 아니라 지속가능한 먹거리 이야기도 나누고 싶었다. '비건? 생각보다 맛있네?', '환경운동, 어려운 일이 아니네'라며 일상 속에서도 쉽게 할 수 있다는 것을 알리고 싶었다. 그리하여 알맹상점 2호점은 비건 카페로 동물성 식재료를 사용하지 않기로 했다. 비건은 우리나라 말로는 '채식주의자'라고 할 수 있다. 동물성 식품(육류, 어패류, 유제품)을 전혀 먹지 않는 것을 일컫는다. 탄소 발자국, 지속가능성을 이야기하며 과도하게 섭취하고 있는 동물성 식품을 지양하자는 운동이 점차 퍼지고 있다.

우유를 만들어내는 소를 기르면서 많은 양의 메탄가스가 발생한다. 에스프레소의 탄소발자국은 약 0.28킬로그램이다. 커피에 우유(가공처리가 된 일반우유)를 더하면 우유의 탄소배출량을 더하여야 하므로 탄소발자국이 더욱더 늘어난다. 우유 사용량이 가장 많은 라테 음료는 약 0.55킬로그램, 카푸치노는 0.41킬로그램, 플랫화이트는 약 0.34킬로그램이라고 한다.♦ 우리가 선택하여 지양하는 것만으로도 환경을 보호할 수 있다.

우유 대신 두유 라테가 맛있다고 소문난 커피집을 돌아다니며 우리 마음에 드는 맛을 찾았다. 나는 레시피를 잡기 위해서 한동안 엄청난 양의 카페인을 섭취해야만 했다. 바리스타 자격증을 연습할 때보다 더 많이 마신 것 같다. 내 남편 역시 든든한 실험군이 되어서 얼마나 많은 커피를 마셨는지 모른다. 그렇게 알맹 시그니처 메뉴 두유 라테가 탄생했다.

2호점 앞마당에는 정원이 있어 어린이들이 뛰어놀기 좋다. 꽃이 피는 계절부터 시원한 가을 하늘을 만끽할 수 있는 날까지 남녀노소 연령을 가리지 않고 놀러 오신다. 자연스럽게 가족과 함께 놀러 온 아이들이 먹을 음료를 고민하게 되었다. 지인에게 어느 기업에서 나오는 비건 초코 두유가 맛이 좋다는 제보를 받고 사서 먹어보니 맛있어서 판매해보기로 했다. 근처 마트나 슈퍼에는 팔지 않아 택배로 주문할 수밖에 없었다. 택배로 주문해서 받아본 두유에는 동공 지진을 일으키는 일회용 빨대들이 붙어 있었다. 다음번 주문에는 더 큰 사이즈를 주문하려고 알아보았더니 큰 용량은 아예 출시를 안 한단다. 알짜 활동을 하며 두유팩에 붙어 있는 일회용 빨대들을 모아 빨대를 원하지 않는 사람은 쓰지 않게 해달라는 내용의 편지를 써서 매일유업에 보낸 적이 있다. 긍정적인 답변을 받아내긴 했지만 아직도 많은 제품에 버젓이 일회용 빨대가 붙어서 판매되고 있다. 맛있는 비건 초코 두유는 결국 판매를 중단하게 되었다.

쓰레기가 안 나오게 카페를 운영하기는 쉽지 않다. 작은 가게에서 하는 일이 너무 많았다. 쓰레기도 받아야 하지, 물건도 팔아야 하지, 보증금도 설명하고 음료도 만들어야 하지…. 그리고 2022년 1월부터 화장품 샌드박스 특례로 시작한 리필 방법도 알려드려야 했다. 한 가게에 어떻게 이렇게 손이 많이 가는지…. 우리가 직접 전 메뉴를 제조하지 못하니 맛있는 곳을 뚫자! 하고 래교님이 자주 다니는 맛집 사장님들께 소독된 용기에 식재료를 담아 납품해주실 수 있는지 여쭤보았다. 귀찮으실 수도 있는데 우리 취지에 공감하며 응원해주신 사장님들 덕분에 제철 과일청이나 대추청 등을 쓰레기 없이 용기에 알맹이만 납품받아 운영할 수 있게 되었다.

비건 쿠키를 판매하는 '잇츠베러'라는 곳에서도 연락이 왔다. 비건 쿠키를 카페에 납품하고 싶다는 것이었다. 쓰레기를 덕질하는 우리는 비건 식재료의 입점을 고려할 때도 패키징 때문에 망설이는 일이 종종 있었다. 잇츠베러 담당자분도 우리 취지를 잘 아시고 공감하기에 포장을 줄이는 방안을 마련할 수 있었다. 서로가 노력한 덕에 우리도, 도모도모 모임의 다른 가게에도 벌크로 납품이 가능해졌다. 이렇게 비건 마들렌, 비건 쿠키, 비건 시리얼, 비건 요거트, 비건 짜이, 비건 음료 등 다양한 식재료를 무포장으로 들일 수 있었다. 특히 비건 마들렌과 짜이는 인근 거리에서 직접 가져다주신다. 가까운 동네에서 택배 배송 없이 납품받은 물건들로만 카페를 가득 채우는 날을 꿈꾼다. 우리 혼자만 했으면 이뤄내지 못할 일을 많이 해냈다. 우리 취지에 공감해주시는 기업과 여러 제조업체, 관심을 가지고 같이 머리 맞대어 노력해주신 분들과 알맹이만 원하는 분들이 있기에 오늘도 쓰레기 없이 알맹이만 팔 수 있다.

　나에게 완전한 비건이냐고 물어본다면 사실 그렇진 않다. 물론 육식은 최대한 지양하고 있다. 이런 마음을 아는지 모르는지, 오랜만에 친정에 가면 부모님은 몸보신해야 한다며 고기를 구워주신다. 귀한 음식이니 감사하게 맛있게 먹고, 다음엔 진짜 고기 안 먹어도 된다고 말씀드리지만 늘 리셋이 되는 것 같다. 아직 비건이라는 단어가 한국 사람에게 익숙하지 않고 채식하는 사람들은 외식하기가 쉽지 않은 환경이다.

　채식하는 지인을 만날 때는 채식 식당을 폭풍 검색한다. 근처에 가고 싶은, 새로 생긴 비건 음식점이 있으면 럭키한 날이다. 비건끼리도 네트워크가 있어 새로 비건 음식점이 생기면 소문이 금방 퍼진다. 다행히 비건 음식점도 점점 늘어나고 있어 전보단 쉽게 찾을 수 있다. 만약 근처에 비건 음식점이 없으면 주문하기 전 여러 난관이 기다린다. 원조 맛집의 마법의 비법 육수를 궁금해하듯, 메뉴의 육수부터 데코레이션인 고명까지 브리핑을 받고 나서야 안심하고 주문할 수 있기 때문이다.

　내가 영국에 갔을 때 인상적이었던 것 중 하나는 많은 식당에서 메뉴마다 들어간 식재료가 그림이나 글로 모두 나열된 것이었다. 주문하는 메뉴의 식재료를 선택하고 가감할 수 있었다. 모든 식당은 아니겠지만, 주문할 때 매번 식재료가 괜찮을지 확인하는 곳도 많았다. 우리나라도 메뉴판에 원산지만 표기할 것이 아니라 해당 음식에 어떤 재료들이 들어가는지 자세한 설명이 들어가 있으면 좋을 것 같다는 생각이 많이 들었다.

한식은 기본적으로 멸치 육수를 기본으로 한 국물이 많고, 김치볶음밥을 시키면 베이컨이나 햄이 곁들여 나오는 경우도 많다. 지금 현재 개인이 기후 변화를 막을 수 있는 가장 효과적인 방법은 채식 식단으로의 전환이다. 요즘 서울에서는 채식 식당을 찾는 사람들이 많아지고 있다. 인간만을 위한 대규모 축산업이 기후위기에 큰 영향을 끼친다면, 언론에서 고기로 시작하여 고기로 끝나는 외식 문화와 육류의 소비를 조장하는 것도 이젠 변화되어야 하지 않을까?

플라스틱 쓰레기보다 음식물 쓰레기가 더 문제?

세계 노동 인구의 삼분의 일 이상이 식량 생산을 생업으로 삼는데, 재배, 조리된 음식의 삼분의 일은 식탁 위에 올라가지 못하고 폐기된다고 한다. 전 세계적으로 약 8억 명이 기아로 고통받고 있는 사실을 생각하면 엄청난 수치이다. 이렇게 낭비되는 식량은 매년 4.4기가톤의 이산화탄소를 내뿜고 있다. 이는 사람이 만들어내는 온실가스 전체 배출량의 약 8%에 해당된다고 한다.◆

우리나라에서도 겉보기에 이상해서 상품 가치가 낮다고 B급 취급을 받는 농산물이 많이 폐기되고 있다. 영양 성분은 그대로인데 못생겼다는 이유로 버려지는 것이 아이러니하다. 이런 죄 없고 불쌍한 B급에 대해 관심을 기울이고 구매할 필요가 있다.

시골에 가면 어른들은 새가 먹거나 애벌레가 파먹은 과일, 야채들이 가장 맛이 좋다고 말씀하신다. 하지만 유통과정에서 못난이 과일, 야채들은 외면받기 딱 좋다. 금방 상하기 쉽기 때문이다. 공급자와 수요자의 거리가 멀어지면서 폐기되는 상품들도 많아지고 멍이 들거나 스크래치를 방지하기 위한 포장재도 덤으로 많아진다. 이런 못난이들을 이용한 세제나 화장품도 출시되고 있다. 우리 상점에서도 폐기된 귤 또는 유자로 만든 화장품의 구매가 가능하다. 이니스프리에서도 폐기되는 구좌 당근을 이용한 화장품을 출시했었다.

못난이뿐 아니라 유통과정에서 유통기한 표기로 인한 음식물 쓰레기도 대량 발생하고 있다. 한국식품산업협회에 따르면 이렇게 버려진 음식물 쓰레기로 인해 발생한 손실 비용은 연간 6천 500억 원 수준이며, 수거비와 폐기 비용까지 더하면 1조 원에 달한다고 한다.

'유통기한'은 식품이 변질되지 않는 기간, '소비기한'은 소비자가 식품을 먹어도 건강상 이상이 없는 기간으로 정의한다. 영양사 일을 할 때도 오늘 생산 후 남는 식재료는 전량 폐기가 원칙이었고, 유통기한이 임박하거나 지나면 소비기한과 무관하게 실제로 폐기했는데, 그 양이 엄청났다. 유통기한만을 표기하면서 사용을 더 할 수 있음에도 불구하고 폐기되는 상품들이 너무 많다. 표시사항의 변경이 필요하다는 목소리가 이어진 덕분에 드디어 우리나라에서도 2023년부터 유통기한이 아닌 '소비기한'으로 표시사항을 변경하기로 했다. 이렇게 디테일한 부분을 바꿔나가다 보면 쓰레기 문제를 조금씩 해결할 수 있을 것이라 기대한다.

종종 알짜들은 무포장으로 사고 싶은데 양이 너무 많으면 공구하여 나눠 가지거나, 반찬을 만들어서 서로 나눠 먹기도 한다. 동네 모임이 있다면 이런 공구나 나눔을 함께 해봐도 좋을 것 같다.

대학생 때 착한 빵집으로 소개된 신사동 유명 베이커리에서 일한 적이 있다. 사장님은 빵이 남아도 버리는 것이 하나도 없었다. 포장해서 직원들을 가장 먼저 챙겨주시고, 그래도 남은 빵은 복지 재단이나 교회 같은 곳에 가져다 주셨다. 아까운 빵을 버리는 것이 아니라 나눔하는 사장님의 따뜻한 마음을 아직도 잊지 못한다. 우리 가게에서도 유통기한이 임박한 식재료는 할인판매하거나 매니저님들과 서로 나눠 먹곤 한다. 음식은 소중하니까!

● 못난이 과일, 야채 구매처 '어글리마켓'

온라인으로 못난이 과일, 야채를 판매하고 있다. 포장에 플라스틱을 덜 사용하기 위해 노력하는 곳이다. 매주 1~2회 등 정기배송 신청도 가능하며, 필요할 때마다 주문하는 것도 가능하다. 보낸 과일, 야채의 사연과 함께 활용할 수 있는 레시피도 함께 보내준다.

● 라스트 오더(어플)

가게에서 버려지는 잉여 음식을 마감 할인하여 배달까지 받을 수 있는 어플이다. 우리 동네에서 버려질 위기에 처한 멀쩡한 음식을 80% 이상 저렴하게 구매할 수 있고, 폐기를 줄이니 1석 2조다.

● 빈 그릇 인증 캠페인 '비워서 남 주자'

2020년부터 2021년까지 환경부는 음식물 쓰레기의 심각성을 알리고자 SNS에 빈 그릇을 인증하면 1건당 500원을 결식 아동에게 기부할 수 있는 캠페인을 진행했다. 현재는 진행하지 않고 있지만, 이런 캠페인이 다양한 형태로 지속되기를 바라본다.

쓰레기를 해결하는 순환 경제(5R)

『나는 쓰레기 없이 산다』의 저자, 비 존슨의 4인 가족은 500밀리리터도 안 되는 유리병에 1년치 쓰레기를 모았다고 한다. 그는 쓰레기를 줄이는 방법에 대해서 5R을 제안했다. 내 집에서도, 가게에서도 적용하면 쓰레기를 많이 줄일 수 있다. 나도 집의 테이블에서 휴지와 물티슈를 치우는 것만으로도 종량제 봉투 사용량을 몇 배는 줄일 수 있었다.

거절하기(Refuse)

공짜로 주는 물건들을 거절해보자. 식당의 물티슈 한 장이라도, 비닐 한 장이라도 거절해보자. 내가 필요하지 않다고 생각하는 것은 하나씩만이라도 거절한다면 새로운 쓰레기의 탄생을 줄일 수 있다.

줄이기(Reduce)

일회용품을 줄이는 것만으로도 플라스틱 사용을 줄일 수 있다. 장을 볼 때 필요한 용기를 들고 가는 것도 중요하다. 조금의 불편함을 감수하며 불필요한 소비를 줄이면 쓰레기를 줄일 수 있다.

재사용(Reuse)

어떤 물건도 일회용이 아니다. 인간이 편리하게 사용하고 버리기 위해 위생적이라는 개념을 끼워 넣어 일회용품이 탄생한 것이다. 휴지와 종이를 만들기 위해 엄청난 나무들이 베어지고 있다. 개인은 1년에 나무를 한 그루도 심지 않는데 말이다. 다회용 손수건이나 다회용 화장솜, 다회용 면봉 등 여러 번 재사용할 수 있는 물건을 사용하는 것도 자원을 절약할 수 있는 좋은 방법이다.

재활용(Recycle)

간단히 설명하면 '업사이클'이 재활용이다. 버려진 자원으로 형태나 모습이 다른 새로운 물건을 만드는 것이다. 요즘은 폐페트병으로 만든 옷도 많다. 투명한 페트병은 파쇄해서 펠릿이라는 소재로 만들어 소파의 솜이나 침대나 이불솜, 차량 쿠션 등에도 사용할 수 있다.

썩히다(Rot : 퇴비화)

우리나라 도시에서는 특히 힘든 부분이다. 음식물이나 퇴비화할 수 있는 쓰레기를 흙으로 다시 돌아가게 하는 작업이 필요하다. 소각이나 매립보단 먼저 퇴비화할 수 있게 되기를 바란다.

 도시의 음쓰 분해자 워크숍 : 퇴비화 방법

쓰레기 분리배출 팁

비헹분섞이 분리배출의 기본 원칙이다.

- 비운다 : 내용물을 비운다.

- 헹군다 : 깨끗하게 헹궈 말린다.

- 분리한다 : 재질(소재)별로 분리한다.

- 섞지 않는다 : 소재별로 섞지 않고 분리배출한다.

» 헷갈리는 쓰레기 배출 방법

텀블러, 우산 등 플라스틱과 금속이 섞여 있는 경우

플라스틱 원료와 금속 원료는 별도로 분리해야 재활용이 된다. 사실 소재를 분리하기 쉽지 않아서 재활용이 어렵다.

텀블러는 실리콘과 다양한 재질이 섞여 있는 경우가 많아서 일반 쓰레기로 배출할 수밖에 없다. 우산은 비를 막아주는 천은 일반 쓰레기, 뼈대는 고철, 손잡이 부분은 플라스틱으로 배출한다. 천막 등은 재활용이 가능하지만 모으는 곳이 없어서 일반 쓰레기로 버려지고 있다.

소형 전자 기계(보조배터리, 무선이어폰 등)도 재활용되나요?

폐가전제품 의무수거에 해당되지 않는 품목이다. 이런 소형 전자기기가 쏟아지고 있다. 보조배터리에는 리튬 이온이 있어 별도로 관리해야 하지만 잘 되고 있지 않다. 그러나 건전지 버리는 곳에 같이 분류하면 재활용은 가능하다.

캔 꼭지는 뜯어야 하나요?

예전에는 캔과 캔 꼭지의 원료가 달랐다. 하지만 지금은 재활용률을 높이기 위해서 일체형, 동일한 소재로 만들어진다. 이제는 별도로 분리할 필요가 없다.

플라스틱 뚜껑은 따로 모아야 하나요? 뚜껑을 닫아 배출하나요?

작은 플라스틱이 큰 플라스틱과 같이 섞여 들어가면 선별이 어렵다. 환경부에서는 페트병을 찌그러뜨린 뒤 뚜껑을 닫고 배출하라고 한다. 세척이 되지 않은 쓰레기들과 섞여 들어가면서 페트병의 뚜껑이 안 닫혀 있을 때 이물질들이 들어가 오염되기 쉽기 때문이다.

텀블러 등을 대신 사용해 쓰레기를 줄이는 것이 가장 중요하고, 폐페트병 뚜껑이 나오게 되면 집 주변의 뚜껑을 모으는 곳에 가져다주는 것이 도움이 될 수 있다. 뚜껑만 따로 모으면 고부가가치 재활용 제품을 만들 수 있기 때문이다. 만약 주변에 모으는 곳이 없다면 페트병을 깨끗하게 세척해서 부피를 최소한으로 만든 뒤 뚜껑을 닫아 배출하면 된다.

포장 완충제(뽁뽁이), 과일 포장(스티로폼) 등은 쓰레기인가요?

뽁뽁이 쓰레기는 생산자 책임재활용 대상 품목으로 구매할 때부터 재활용 비용이 지불된 물건이다. 그래서 분리배출 원칙대로 비닐 재활용으로 배출하는 것이 원칙이지만, 사실 재활용은 잘 되지 않는다.

　재사용할 수 있도록 깨끗하게 정리해 집 주변 우체국에 들고 갈 수도 있다. 박스 포장을 위해 재사용 뽁뽁이를 받아주는 우체국이 있다. 아이스팩처럼 뽁뽁이 역시 재사용이 답이다. 과일 포장 스티로폼은 재활용이 안 되는 일반 쓰레기이다.

기타(OTHER) 플라스틱은 두 가지 소재가 섞여 재활용이 어렵다고 하는데, 일반 쓰레기로 배출해야 하나요?

다른 재질이 두 가지 이상 섞여 있는 경우 기타라고 표시된다. 재질이 섞여 있으면 재활용이 어려워지는데 이 경우에 일반 쓰레기로 버려야 한다는 움직임이 있다. 하지만 기타 플라스틱도 깨끗이 씻어 분리배출 표시에 따라 내놓는 것을 권한다.

　여러 소재가 섞인 라면 봉지를 예로 들면 다음과 같다. 라면 봉지의 비닐은 고형원료로, 태워서 재활용이 가능하다. 은박을 사용하는 봉지에는 과자나 라면 등 튀긴 식품이나 염분이 많은 음식을 담아 판매한다. 염분이 제대로 세척이 안 되면 염화수소 가스가 발생하고, 이 염화수소가 물과 만나면 염산이 되어 위험하다. 은박 봉지도 깨끗하게 세척하면 비닐로 배출이 가능하다. 세척이 어렵다면 일반 쓰레기로 분류하면 된다.

3

목소리를 모으면 바뀝니다,
같이해요 캠페인!

_by 래교

"앞으로 무슨 캠페인을 하고 싶어요?"

가게를 준비하며 나눈 대화에는 늘 캠페인 이야기가 빠지지 않았다. 알맹상점은 비영리단체도 아니고 환경 단체도 아니고, 자영업자 중에서도 규모가 아주 작은 가게에 불과한데 기업들도 잘 안하는 캠페인 기획이라니!! 우리 셋은 임대 계약을 마친 다음에도 수익 창출 관련 논의를 하면 투닥투닥했지만 쓰레기 줄이기, 환경 캠페인 이야기를 하면 마음이 착착 너무 잘 맞았다. 우리는 이렇게 각자의 사심(?)을 알맹상점에 하나씩 녹이기 시작했다.

캠페인은 눈에 보이지 않는 수많은 사람의 노력의 산물이다. 나도 캠페인을 진행해보기 전까지는 캠페이너에게 어벤져스급의 능력이 필요한지 몰랐다. 세상에 목소리를 내고 조금이라도 긍정적인 변화를 이끌어내기 위해선 많은 사람의 공감과 목소리가 필요하다. 내 마음도 어찌 못할 때가 많은데 다른 누군가의 마음을 얻어 함께 행동하는 일은 결코 쉽지 않다. 또 캠페인은 하루아침에 끝나는 일이 아니다. 짧게는 몇 주에서 길게는 몇 달 동안 시간과 에너지를 쏟아도 이슈화는커녕 사람들의 마음의 문을 두드리지 못할 때도 수두룩하다. 공감을 얻기가 하늘의 별따기만큼 어려운 캠페인을 주최하고 이끌어나가고 홍보하고 결과에 상관없이 지속적으로 시간과 에너지를 쏟아붓는 캠페이너들이 있다. 대가 없이 세상을 구하는 영웅은 영화 속 마블 주인공뿐만이 아니다. 세상에 한 줄기 희망이, 빛이 된다면 불나방처럼 달려드는 존재들이 어디에나 존재한다. 그래서 세상이 아직 살 만하지 않을까.

캠페인을 진행하면서 능력의 한계를 느낄 때마다 발을 빼고 싶었지만 이미 중독성에 깊이 빠져 헤어나올 수 없었다. 개인의 깨어 있는 의식들이 모여 목소리를 내고 그 목소리는 사회를 올바른 방향으로 변화하는 물결을 만들었다. 말로만 듣던 연대의 힘을 몸소 체험했는데 캠페인을 어떻게 그만둘 수 있을까. 능력이 부족하다고 언제까지나 뱁새처럼 가랑이 찢어지게 다닐 수는 없어서 열심히 황새를 쫓아 뛰어다니며 캠페이너에게 필요한 능력을 조금씩 파악하기 시작했다. 캠페인을 하기 위해서는 먼저 다음과 같은 부분을 논의한다.

- 캠페인이 필요한가? 목적과 시의성 파악하기
- 타임라인에 따른 각 구성원의 참여를 적합하게 결정하기
- 개선하고자 하는 목표를 명확히 선정하기
- 어떤 캠페인 방법이 맞는지(어택, 서명 등) 자율적 선택하기
- 이 모든 계획을 캠페이너들이 직접 평가하고 결정하기

어디서 많이 보던 내용이다. 바로 21세기 글로벌 시대가 원하는 자기주도적 인재상과 흡사하지 않은가? 대한민국 양육자들이여, 아이들이 자기주도적 인재로 자라기를 원한다면 세 번만 캠페인에 직접 참여시켜보길.

알맹@망원시장 커뮤니티의 형성
: 비닐 아웃

알맹상점의 첫 시작을 궁금해하는 분들이 많다. '세상을 구하기 위해 시작했어요!'라든가 하는 모두가 감탄할 만한 대답을 하면 좋겠지만 사실 대단한 계기가 있어서 시작한 일은 아니었다. 알맹상점은 뭐라 딱 하나를 꼽을 수가 없을 만큼 다양한 활동이 오랜 세월 동안 겹겹이 쌓인 퇴적층처럼 쌓여 만들어졌다. 알맹상점은 "돈 벌어보자!"고 굳게 결심하여 체계적으로 컨설팅을 받고 시작한 상점이 아니다. 지금 생각하면 엉성하기 그지 없어서 그 엉성함 때문에 지금까지 영향(?)을 받을 지경이니 말이다. '법적으로 걸리면 걸리는 대로 문을 닫고 돈이 안 벌리면 안 벌리는 대로 문을 닫으면 된다!'라고 쿨한 말들을 했지만 사실 망하면 어떻게 하나 벌벌 떨면서 시작했다. '내 피 같은 돈을 다 날리면 어쩌나…' 상점에 필요한 비용을 이체한 순간, 이제 내 돈이 아니니 운명에 맡기자며 운명론을 믿기도 했다가 혹시 모르니 사주팔자를 한 번

따져보자 싶어 일산에 있는 철학관을 찾아가보기도 했다.

이렇게 어설픈 사람들이 모여 웃픈 기억은 뒤로하고 "하고 싶은 활동을 다 해보자!"라고 선언할 수 있었던 가장 큰 이유는 망원시장을 기반으로 해왔던 알맹@망원시장 커뮤니티 활동 덕분이다. 알맹 커뮤니티에서 공통 분모가 있는 동지를 만났고, 알짜들과 함께 다양한 캠페인 활동을 하며 생활과 맞닿아 있는 환경 실천에 비로소 눈을 떴다. 알맹@망원시장의 활동은 알맹상점의 존재 이유이자, 한국형 제로웨이스트 문화를 만드는 데 초석을 다져준 존재이지만, 시작은 창대하지 않았다. 지금은 캠페인을 주최하면 많은 분이 참여해주셔서 몇천 명에서 때론 만 명 넘게 서명을 받기도 하지만 알맹@망원시장 초창기에는 우리 캠페인에 관심 있는 사람은 알짜 10여 명이었다. 열 명 정도 되는 알짜들과 삼삼오오 모여, 각자 사비를 내고 밥을 먹고 시장 상인분들의 무관심 속에도 으쌰으쌰했던 그때가 어쩌면 지금보다 의지와 열정은 더 컸을지도 모르겠다.

알짜 2기 모임으로 커뮤니티가 형성되면서 자발적 모임은 계속되었다. 2주에 한 번씩 시간이 되는 사람들이 모여 캠페인 기획 회의를 했다. 점심은 대부분 용기를 들고 와서 '용기 내'에 잘 참여해주시는 시장 상인분의 가게에 돈쭐을 내주러 갔다. 알짜들과 함께 용기에 담은 음식을 먹을 때는 친구들이랑 도시락 먹는 재미로 학교 다니던 시절이 떠올라 추억팔이도 하고, 때로는 신문물에 놀라움을 금치 못하기도 했다.

알맹 모임의 가장 큰 고민은 '어떻게 하면 상인과 소비자가 비닐 대신 장바구니를 사용하게 만들 수 있을까?'였다. '남경반찬 사장님만큼은 아니더라도 상인분들의 삼분의 일 정도만 관심을 가져주시면 되는데' 하는 고민을 늘 했다. (남경반찬 사장님은 망원시장에서 유일하게 비닐을 사용하면 혼내는 사장님이다.) 4인 가족의 장보기를 책임지는 주부로서 내가 할 수 있는 방법은 은근히 많았다. 나는 동네 시장에서 장을 보는 대신 굳이 망원동까지 가서 빈 용기와 장바구니를 내밀고 함께 장바구니 캠페인을 하자고 틈새공략을 했다. 혼자라면 하기 힘들었겠지만 나의 친구인 정은님이 함께해서 든든했다. 혼자도 아니고 둘이 가서 같이 팔아주며 용기를 내밀고 함께 캠페인을 하자는데 누가 인상을 찌푸릴 수 있을까? 지갑을 열었더니 상인들의 마음도 열리는 자본주의를 몸소 경험했다. 비닐 한 장의 사용이라도 줄이고픈 마음이 컸던 우리는 철저하게 자본주의를 이용했다. 이렇게 알짜와 함께 시장 캠페인을 할 때마다 "알맹에서 왔어요"라고 아무도 궁금해하지 않는 존재감을 뿜뿜하기도 했다.

시장 상인들뿐만 아니라 시장을 이용하는 소비자를 대상으로도 한 달에 한 번 캠페인을 진행했다. 이때도 우리는 철저히 우리와 협력하는 가게에서 캠페인 선물을 구입했다. 그 가게들에서 우리가 원하는 무포장 제품을 구매할 수 있었고, 우리에게는 별 다른 지원금이 없었기에 존재감을 알릴 수 있는 기회가 올 때는 몰빵할 수밖에 없었기 때문이다. 사실은 그 가게 근처에서 목청껏 캠페인을 알려야 했기에 미리 입막음을 하기 위한 작은 뇌물이기도 했다.

작은 규모라도 체계적으로 캠페인 기획을 꾸준히 했다. 구슬 님이 대부분의 캠페인 타임라인을 작성해주면 우리는 타임라인에 맞춰 캠페인을 했다. 보통 소비자에게 장바구니를 나눠주는 캠페인 팀과 시장 라운딩을 하는 라운딩 팀으로 나눠 활동했다. 캠페인 팀은 비닐과 플라스틱을 먹고 죽은 거북이 일러스트와 동물 그림을 목에 걸고 크게 캠페인 구호를 외치고, 막무가내로 장바구니를 달라는 분들을 설득해야 했다. 왜 비닐을 사용하면 안 되는지 설명하고, 사설 탐정마냥 장바구니에 검정 비닐이 있는지 없는지 확인 후 검정 비닐이 없는 사람에게 알맹이 채소 선물을 드리는 역할을 했다. 라운딩 팀은 가게마다 돌아다니면서 알맹의 존재를 알리고, 기부 받은 장바구니와 종이 쇼핑백, 지역 화폐 모아를 나눠드렸다. 그러면서 동시에 캠페인에 동참하지 않는 옆집을 염탐하는 역할까지 했다.

어느 하나 쉽지 않은 미션 수행, 결혼 전이라면 나도 쭈뼛쭈뼛했을 텐데…. 아이 둘을 낳고 키운 엄마는 두려울 것이 없었다. 안 되면 말고 잘 되면 좋고. 안 되면 다음에 또 가면 된다는 마음으로 상인들과 소비자에게 양껏 다가갔다. 알맹 캠페인을 하면서 잉여가 될 뻔한 무적 파워를 쓸모 있게 탈바꿈할 수 있었고, 내가 무언가에 도움이 될 수 있다는 자체에도 고마움을 느꼈다. 알맹 활동은 늘 사소한 감동의 연속이었다. 이런 사소한 감동이 마음을 빈틈없이 단단하게 해주었고, 그 단단한 마음이 앞으로 나아갈 수 있는 힘이 되지 않았을까 싶다.

올바르다고 생각해 시작한 일을 포기하는 경험을 누구나 해보았을 것이다. 그 일에 대한 믿음이 없어서, 인생의 우선순위가 아니라서 등 다양한 이유를 생각할 수 있지만, 하고자 하는 일에 대한 경험치의 부족함이 결국 마음을 흔들리게 하고 포기하게 만드는 거 같다. '비닐봉지 하나 줄이는 게 뭐가 어려워…'라고 생각하면서도 생활 속에 깊게 뿌리내린 편리함을 극복하기는 쉽지 않다. 그 유혹을 뿌리치기 위해선 정당성과 어느 정도 통제를 해주는 감시자가 필요하다. 알맹 모임은 두 가지를 다 충족했다. 알맹 모임의 알짜 환경 실천 활동은 수많은 경험을 쌓는 정당성 그 자체였고, 우리는 때로 서로를 감시하는 감시자 역할을 했다. 고마운 알짜들. 이름을 한 명 한 명 다 불러주고 싶다.

1기 구슬, 1기 라니, 1기 오리, 1기 금자, 2기 정은, 2기 사막여우, 2기 선정, 2기 은, 2기 래교 알러뷰 포에버. 땡큐 쏘 머치.

카페에서 빨대를 없앨 수 있을까?

2019년 여름

더운 여름의 아아(아이스아메리카노)는 사막의 단비와 같은 존재지만 아아를 담는 일회용 컵은 지구를 점점 뜨겁게 만들고 있다. 일회용 플라스틱을 사용하면 할수록 우리의 환경은 점점 나빠진다는 사실을 모두가 알고 있다. 지금 당장 일회용 플라스틱을 박멸하고 싶지만… 2019년도에는 어디서 함부로 그렇게 말했다간 내가 박멸될 지경이었다. 우리는 조금씩 변화하는 방법을 생각했다. 그중 하나로, 망원동 일대 카페에서 빨대통을 치우는 캠페인을 진행했다. 말이 캠페인이지 카페마다 찾아가서 사장님 설득하는 일이었다.

비가 억수로 내리는 어느 날, 금자님이 "아이스크림 가게에 플라스틱 스푼 대신 나무 스푼을 사용할 수 있도록 지원해주려는데 같이 가실 분?" 하고 급 번개를 한 적이 있다. 생각보다 많은 사람이 손을 들었고, 대여섯 명이 함께 갔다. 한 명씩 다 주문 후 본격적으로 사장님 설득을 했다. 플라스틱 스푼을 나무 스푼으로 변경하는 것도 아리송한데 거기다 빨대통까지 치워달라니? 래퍼 수준으로 말하는 금자님의 말엔 틀린 말이 하나 없어 사장님은 딱 잘라 거절은 못 하셨지만 갑작스러운 변화로 늘어날 고객의 컴플레인 역시 간과할 수 있는 문제가 아니라고 하셨다. 우리는 단순하게 빨대통을 치우면 빨대가 필요한 사람이 요청을 할 테니 그때 제공하고, 습관적으로 가져가는 사람이 사용하지 않아 줄어들 빨대만을 생각했는데, 아이스크림 가게 사장님께 들은 컴플레인은 상상 이상이었다. '빨대 얼마나 한다고 그걸 치우나', '주기 싫어서 그런다' 등 예상치 못한 반응에 깜짝 놀랐다. 빨대통 하나 치우는 것은 결코 쉬운 일이 아니었다. 굳은 의지뿐만 아니라 사회 전반적인 플라스틱 지양 문화가 있어야 하고, 모두가 함께 노력해야 가능한 일이라는 점을 체감하게 되었다.

다른 카페 사장님들 역시 옳은 일인 걸 알지만 손바닥 크기의 빨대통을 치우기까지 수많은 컴플레인을 감당해야 했다. 그만큼 소비자 의식과 제도가 뒷받침되지 못했다. 빨대통을 치운 사장님이 이상한 게 아니라 오히려 일회용 플라스틱을 아무렇지 않게 사용하는 사람이 불편한 사회가 되길 바라본다.

당근몹 : 용기 내

2019년 가을

한시도 가만히 있지 못하는 알짜들은 계속에서 일을 벌였다. 보틀팩토리에서 진행하는 '채우장'은 단골로 매달 꼭꼭 방문할만큼 개인적으로 너무 좋아했던 곳인데 어느 날 보틀팩토리에서 또 다른 행사인 유어보틀위크를 개최했다. 유어보틀위크는 보틀팩토리를 거점으로 플라스틱 프리를 실천하는 동네 가게를 엮고, 방문하는 손님들이 용기나 장바구니를 지참한 뒤 음식을 구입하면 도장을 받고, 도장을 다 모으면 선물을 주는 동네 플라스틱 프리 축제로 진행되었다. 시간 되는 알짜들이 모여 유어보틀위크에 참여했다. 지도상으로는 다 고만고만한 거리에 있어 호기롭게 출발했는데 지도의 축적을 무시한 대가는 어마어마했다. 처음에는 다들 신이 나 룰루랄라 출발했지만 시간이 지나갈수록 점점 대화는 줄고 입에서 단내가 났다. 덕분에 못했던 운동까지 실컷 했던 즐거운 경험이었다. 플라스틱 프리를 외치는 새로운 가게뿐만 아니라 옛 모습을 살린 경성 참기름집, 중고 물품을 판매하는 곳 등 다양한 가게들의 참여가 인상적이었다.

당시 공간이 없던 우리에게 유어보틀위크는 망원동에서 무언가 해볼 수 있겠다는 새로운 희망을 주었고 그렇게 '알맹의 당근몹'이 탄생했다. 망원시장과 주변 가게들 중 네 군데를 선정했는데, 사실 선정하기 전부터 물밑 작업으로 자주 가서 음식을 사 먹으며 안면을 텄다. 사장님 마음을 사는 것도 중요하지만 실제 가게의 분위기를 잘 파악해야 한다. 너무 바쁜 곳이라 용기를 들고 갔을 때 불편함을 느낄 정도면 오히려 역효과가 날 수 있고, 직원분들만 있으면 아무리 설명해도 일의 진행이 안 될 수 있다.

특히 음식은 각자 필요한 용기가 다르다. 예를 들어 한과는 입구가 넓고 깊이가 깊은 통이나 재사용 지퍼백이 좋고, 원두는 음료병처럼 입구가 너무 좁으면 담기 어려워서 입구가 넓은 통이 좋다. 이런 디테일도 사전에 체크해서 참여하는 소비자들에게 알려드리면 서로 조금은 더 편안한 '용기 내'를 실천할 수 있다. 그리고 무엇보다 사장님의 의지가 중요하기에 사전에 미리 빈 용기를 내밀어 플라스틱 프리가 가능한 곳인지 동태를 파악하는 일은 정말 필수다. 얼핏 얼렁뚱땅 아무 곳에나 들이미는 거 같아 보여도 한 명이라도 더 우리 편으로 만들기 위해 나름 007작전을 펼친다. 어설프게 적극적으로 다가가면 환경이고 나발이고 오히려 등 돌릴 수도 있기에 가랑비에 옷 젖듯이 점점 스며드는 것이 알맹의 방법이었다.

당근몹 활동지로 선정된 네 곳은 망원시장 '남경반찬', '석규네 수제한과', 망원시장 주변 '소금집 델리'와 '카페 사치'이다. 이 가게들에 용기를 들고 가서 플라스틱 없이 음식을 구입하고 기쁘다는 표현을 마구마구 하고 SNS 인증샷 올리기!! 간단해 보이지만 참여하는 소비자는 참으로 해야 할 일이 많다. 빈 용기도 챙겨야해, 사장님도 칭찬해야 해, 게다가 SNS 인증샷까지. 단순히 물건을 판매하는 판매자와 돈을 쓰는 소비자의 자본주의 시장 논리에서 한 걸음 더 나아가 서로 덕담과 선한 영향력을 주고받는 정감넘치는 모습은 요즘에 꼭 필요한 인간다움이 아닐까. 서로를 위해 노력하는 더불어 사는 사회, 하지만 자칫 잘못하면 부담스러운 오지라퍼가 될 수 있으니 항상 경계선을 잘 지킬 필요가 있다.

망원시장 남경반찬 사장님은 본인 사비로 쓰레기 산과 넘치는 비닐 사진을 코팅해서 가게에 진열해둘 정도로 열정적이다. 바빠서 자주 못 가면 장바구니가 부족하다고 호통을 치신다. 정말 남경반찬 사장님이 아니었다면 망원시장에서 알맹 캠페인을 지속하기 힘들었을 것이다. 인간의 사회적 활동은 긍정적이든 부정적이든 결국 상호작용으로 이루어진다. 특히 긍정적 효과는 훨씬 더 큰 시너지를 만들어내고, 인풋이 있으면 아웃풋이 있어야 사회적 활동을 지속할 힘이 생긴다. 우리에게는 그 힘의 원천이 바로 남경반찬 사장님이었다. 시장 라운딩을 하다 보면 마음의 벽이 높은 사장님들도 많이 만나고, 심신이 지치기 마련이다. '이걸 계속 해야 해 말아야 해' 내적 갈등을 하며 터덜터덜 시장 끄트머리로 걸어가면 후광이 보이는 곳이 바로 남경반찬이다. 사장님을 만나면 다시 에너지가 생겼다.

망원시장 석규네 수제한과 사장님은 신생 가게일 때를 공략했다. 어느 날, 알짜 중 한 명이 "막 생긴 가게가 있는데 시장 분위기에 물들기 전(?)에 얼른 공략하자"라고 말했고, 알짜 회의 시간의 간식은 석규네 한과로 지정되었다. 우리는 빈 통을 들고 가기도 하고 천 주머니를 들고 간 적도 있는데, 한과 특성상 조청이 있어 천 주머니에 담으면 먼지가 다 붙기에 사장님이 꽤 난감해하셨다. 하지만 알짜는 비닐의 미세플라스틱을 먹을 바에는 차라리 배출이 되는 천 먼지가 낫다는 생각으로 괜찮다며 담아달라고 했고, 그 뒤로 석규네 수제한과 사장님도 천 주머니에 당황하지 않게 되셨다.

망원시장 근처의 소금집 델리는 우연히 알게 된 곳인데, 알고 봤더니 MZ 세대의 유명 맛집이었다. (현재도 맛집ing) 처음엔 비싼 가격에 놀랐지만 자꾸 생각나는 샌드위치 맛에 델리에 종종 갔고, 갈 때마다 통을 내밀어서 건강한 햄과 샌드위치를 구입했다.

소금집 델리도 함께 한다면 MZ 세대에게 제로웨이스트를 널리 알리는 계기가 될 수 있겠다는 생각이 들었지만 소금집 델리에서 캠페인에 참여한 2019년 10월에는 용기 내기가 쉽지 않았다. 그럼에도 이렇게 핫한 곳에서 '듣보잡' 일회성 캠페인을 흔쾌히 수락해주셔서 너무 기뻤던 기억이 있다.

카페 사치는 아쉽게도 지금은 없어졌지만 원두가 맛있는 동네 카페였다. 사장님은 우리의 취지를 듣고 흔쾌히 수락해주셨고 가게 분위기에 전혀 어울리지 않는 포스터도 좋은 자리에 붙이게 해주셨다. 우르르 와서 커피를 마시는 우리에게 때로는 공짜 디저트를 제공해주시던 사장님. 카페 사치의 인심과 커피맛이 그립다.

• 당근몹(Carrot mob)이란?

항의의 표현인 '보이콧'의 반대 용어로 환경 친화적 상점에 사람들이 대대적으로 모여 친환경 제품을 구매함으로써 그 상점을 후원하는 소비자 집단행동이다.

무포장 네트워크 조사단

2020년 초봄

제로웨이스트 실천러라면 누구든지 용기 선택의 실패를 경험한다. 장 보기 전날 호기롭게 유리병을 열탕 소독하고 다 말려두었는데 막상 살 때는 용기에 담을 수 없는 상황이 발생한다. 그래서 제로웨이스트 실천 중 특히 '용기 내'를 할 때는 사전 계획이 꼭 필요하다. 특히 내가 즐겨 방문하는 시장이 아니라 다른 곳에 가게 된다면 난감할 수 있다. 적당한 용기를 들고 가기 위해서 사전 답사를 할 수도 없고, 용기를 종류별로 다 들고 갈 수도 없다. 그리고 알맹이로 판매하는지 안 하는지 알 수 없는 상황이라면 무포장 장보기는 더 어려워진다. 아니, 장 보는 게 이렇게 힘들 일인가? 환경보호 실천 조상님이 찾아와도 못 해먹겠다고 도망갈 형편이었다. 그래서 알짜들이 망원시장에서라도 편하게 장 볼 수 있도록 무포장 네트워크 조사를 하기로 했다. 망원시장의 A, B, C 구역에 따라서 알짜들이 나누어 맡아 가게 사장님의 호응도, 적극도, 무포장 여부에 따라 고수, 중수, 하수로 나누어 표시했다. 업종을 분류하고, 무포장으로 구입할 수 있는 제품 목록을 전부 다 작성하고, 제품을 구입할 때 적당한 용기 형태를 작성했다. 총 101곳을 조사했다. 2020년 1월에 시작해서 3월에 완성했다.

나와 정은님은 A구역을 맡았는데 조사하는 날 날씨가 매우 추웠다. 이렇게 추운데 두 번 나올 수 없다며 한 큐에 끝내자고 의기투합하여 하루에 모든 가게의 사진을 여러 각도로 상세하게 찍은 뒤 집에서 사진을 한 장 한 장 확대해서 보며, 무포장 제품을 입력했다. 눈알이 또르르 굴러가는 작업이었다.

시장은 특성상 판매 제품에 잦은 변동이 있어 우리가 이렇게 조사해도 다음 날이면 달라질 수 있기 때문에 삽질에 가까운 조사였지만 100% 완벽한 일이 어디 있을까? 우리가 재미있어서 시작한 일이고, 삽질이라도 필요한 일이라 생각했다. 우리의 조사가 발판이 되어 어느 돈 많은 부자가 무포장 네트워크 앱을 개발할 수도 있지 않을까? 하는 희망을 품어본다.

망원시장 무포장 가게

브리타 어택

2020년 8월~12월

브리타 필터 어택은 크리스마스 선물처럼 우리에게 희망과 큰 기쁨을 준 첫 캠페인이다. 통계적으로 글로벌 기업 대상 시민 캠페인 결과는 희망적이지 않다. 지렁이도 밟으면 꿈틀거리는 심정으로 시작한 브리타 어택 캠페인은 알맹상점, 십년후연구소, 여성환경연대와 함께 했다. 각자의 역할을 정해 분주하게 움직였지만 다들 생업이 있던 터라 회의 날짜를 맞추는 것부터 쉽지 않았다. 리필 키트 개발은 십년후연구소, 워크숍 홍보 및 온라인 캠페인 진행은 알맹상점, 브리타코리아 공문은 여성환경연대가 담당했다.

수많은 플라스틱 물건 중 왜 브리타 필터를 첫 캠페인으로 정했는지 주변에서 많이 물어본다. 물은 안 마시면 사람이 죽을 수도 있는 무엇보다 중요한 물질인데, 구입할 때 선택지가 별로 없다. 불안하지만 수돗물을 끓여 먹거나 미세플라스틱과 폐페트병 쓰레기를 발생시키는 플라스틱 생수병에 든 물을 사 먹거나 매달 몇만 원의 관리비를 꼬박꼬박 내며 전기를 사용하는 렌탈 정수기를 사용해야 한다. 다른 선택지는 없이 이 세 가지 중 하나를 선택해야 했다. 이런 상황에서 14년 전(2022년 기준) 한국에 혜성처럼 등장한 브리타 정수기! 전기를 쓰지 않아도 되고 한 달에 한 번 필터를 교체하며 사용하면 폐페트병을 줄일 수 있는 획기적인 정수기다. 올레를 외치며, 행복을 만끽하던 것도 잠시, 한 달에 한 번 나오는 폐필터의 존재는 사용자의 마음을 점점 무겁게 했다.

브리타 필터의 구조를 자세히 살펴보면 그 이유를 알 수 있다. 필터의 충전재인 활성탄은 코코넛으로 만들어져 자연 분해가 가능하지만, 자연 분해가 불가능한 이온환수지와 섞여 있다. 이를 감싸고 있는 플라스틱은 너무 견고하여 뚜껑 개폐가 되지 않고 버리기엔 너무 멀쩡한 상태라 또 죄책감이 든다. 죄책감을 뿌리치고자 많은 국내 유저들이 브리타코리아에 분리배출 방법 및 재활용 방법을 문의했지만 돌아오는 답변은 늘 같았다. "플라스틱 재활용함에 버리시면 됩니다", "친환경적인 물질이라 플라스틱 재활용에 처리해도 무방합니다", "한국에서는 따로 필터 제조나 재활용 시스템을 마련하지 못했습니다" 심지어 "일반 종량제 봉투에 버리시면 됩니다"는 답변을 받기도 했는데, 이때는 단전 아래에서부터 빡침이 올라왔다. 제조사가 답이 없다면 우리는 빡침을 참고 이대로 사용해야 하는 것일까? 답은, 아니다.

미국, 캐나다, 영국, 아일랜드, 호주 등에서는 브리타가 직접 필터 수거 프로그램을 진행하고 있다는 사실을 알게 되었다. 미국은 시민 캠페인을 통해 제도를 도입했다. 2008년 베스 테리는 온라인 청원을 통해 1만 6천 명의 서명을 이끌어내는 동시에 600개의 폐필터를 수거하는 캠페인을 열었다. 그 결과로 미국에서는 공식적으로 브리타 필터 수거 프로그램을 진행하게 되었다. 재활용 분리배출을 하지 않고 음식물 쓰레기도 한꺼번에 버린다는 미국에서 브리타 필터 재활용을 위한 시민 캠페인을 진행했다는 사실은 꽤 센세이셔널했다. 미국이 우리나라에 비해 인구가 월등히 많지만 1만 6천 명의 서명이 쉬운 일은 아니었을 것이다. 쉽지 않은 일을 해낸 미국의 시민 캠페인에서 희망을 얻었다. 우리도 할수 있다! 할 수 있다! 할 수 있다! 그리하여 '브리타 필터 재활용 캠페인에 함께하는 사람들(브함사)'가 탄생했다.

캠페인의 방법은 미국과 비슷했지만 브함사는 하나를 더 추가했다. 바로 브리타 필터 해킹하기! 플라스틱이 넘쳐나는 시대에 재활용은 좋은 대안이 될 수 없다. 플라스틱을 완전히 배제할 수 없다면 재사용이 답이다. 브리타 필터는 내용물이 수명을 다했을 뿐, 겉은 너무나도 멀쩡하다. 플라스틱은 500년 동안 분해가 되지 않기 때문에 엄청나게 견고하다. 한마디로 브리타 필터 껍데기 하나로 알맹이만 교체하면서 우리가 일생 동안 사용하고, 우리 아이들이 사용해도 괜찮다는 뜻이다.

클릭 한 번이면 우리집 앞까지 새 필터가 오는 편리한 온라인 시대에 아날로그 방식으로 드릴로 구멍을 내고 반 수작업으로 만들어 가성비도 떨어지는 어설픈 프로젝트에 누가 참여할까 싶었지만 우리의 예상은 보기 좋게 빗나갔다.

2020년 10월 4일. 다 사용한 브리타 필터 지참, 참가비 1만 원, 선착순 10명 내외 마감으로 알맹상점 인스타에 브리타 해킹 워크숍을 알렸다. 반나절 만에 100명 넘는 분이 신청했다. 이게 이럴 일인가 싶었다. 아니지! 이럴 일이지! 암암!! 이럴 일이긴 한데… 전혀 예상하지 못했던 반응이라 어안이 벙벙했다. 부랴부랴 신청폼을 닫았지만 해킹 워크숍에 대한 문의는 끊이지 않았다. 팔면 팔수록 적자인 브리타 활성탄 알맹이는 날개 돋힌 듯 팔려 나갔고 서명과 폐필터는 엄청난 관심 속에 차곡차곡 쌓였다.

아쉽게도 코로나 19의 확산으로 오프라인 브리타 해킹 워크숍은 더 진행할 수가 없었지만 인스타그램 DM, 상점 방문한 사람들로부터 문의가 계속되었고, 해결책으로 전동드릴을 상점에서 빌려주는 프로젝트도 진행했다. 그러나 당시 상점은 공동 대표들이 돌아가면서 한 명씩 운영을 하고 있어 인력 부족으로 이 방법은 지속가능하지 않았다. 많은 관심을 감당하기엔 인력과 예산, 시간이 부족했다. 그래도 물 들어올 때 노를 저어야 하지 않겠는가. 캠페인의 뜨거운 기운을 놓치고 싶지 않았다. 그래서 우리가 선택한 것은 개인적인 시간을 줄이는 것이었다. 밥 먹는 시간을 줄이다 보니 굶는 날이 허다했고 화장실 갈 시간도 줄이다 보니 변비에 걸리고 상점 운영하지 않는 날은 밀린 다른 일을 하다 보니 가족들의 원성을 사고 인간관계는 점점 더 좁아졌다. 우리는 단단히 뭔가 씌인 불나방처럼 목표를 향해 직진했고, 열심히 할수록 많은 분이 함께 동참했다.

서명 운동과 동시에 폐필터 수거를 시작했다. 알맹상점은 오프라인으로 수거하고 택배로는 십년후연구소에서 수거하는 것으로 시작했는데, 전국에 있는 다양한 가게에서 수거 거점이 되겠다고 연락을 주셨다. 제로웨이스트 가게들이 막 생길 시기라 지금처럼 많진 않았지만 전국에서 연락을 주셨고, 제로웨이스트 가게뿐만 아니라 책방, 필라테스 스튜디오 등 다양한 곳에서 수거 거점 가게 신청을 해주셨다. 전국 27개 가게에서 자발적으로 수거 거점을 자처한 이 멋진 상황을 어떻게 설명할 수 있을까.

2020년 8월 7일에 시작한 서명 운동은 천 명이 목표였다. 제발 천 명만 서명해주길⋯. 안 되면 어쩌나 싶었지만 우리의 걱정이 무색할 만큼 금방 목표치가 달성되었다. 짧은 시간 동안 몇 번이나 목표를 수정하는 행복한 상황이 벌어졌고, 최종적으로 1만 명으로 목표치를 상향 조정했다. 전국에 폐필터 수거함이 설치되는 장면을 상상하며, 행복한 김칫국을 마구 들이켠 덕분일까. 152일 동안 14,546명이 서명하고 약 1,500개의 폐 브리타 필터를 수거하는 쾌거를 이루었다.

2020년 12월 브함사 이름으로 브리타코리아에 재활용 요구 공문을 보냈다. 우리의 요구 사항은 세 가지였다.

1. 폐카트리지를 재활용하기 위해 회사에 반환할 수 있도록 국내 수거 프로그램을 제공하라.

2. 폐카트리지를 해외가 아니라 국내에서 재활용, 재사용할 수 있는 시스템을 마련하라.

3. 브리타 본사와 함께 충전재를 리필해 재사용하는 형태의 카트리지로 재디자인하라.

기업에서 답변이 올까? 기대 반 걱정 반으로 기다렸다. 사실 우리의 요구사항에 기업이 의무적으로 답변해줄 필요는 없다. 공감을 한다면 좋은 답변이 올 것이고, 그렇지 않으면 응답이 아예 없을 수도 있었다. 하지만 무응답으로 대응하기엔 자발적으로 참여한 소비자가 너무 많았다. 혹시나 하는 기대감은 역시나로 바뀌었고 브리타코리아는 이메일로 입장문을 전해왔다.

"브리타코리아는 지구 환경을 걱정하시는 소비자분들의 말씀에 귀기울여 필터 수거 및 재활용 프로그램 개발을 진행 중에 있습니다. 현재 글로벌 재활용 컨설팅 전문 기업과 이에 대한 현실적인 방법을 논의 중에 있으며, 소비자 여러분들에게 빠른 시일 내에 좋은 소식을 전달드릴 수 있도록 최선을 다하겠습니다.

내년 중 빠른 시일 내에 프로그램을 도입할 수 있도록 진행 중에 있으나 아직 프로세스가 모두 정해진 것은 아니어서 현 시점에서 구체안을 안내해드리기 어려운 점 양해 부탁드립니다. 프로그램 진행 준비가 끝나면 시기, 수거 방식, 처리 과정, 재활용 업체 등의 정보를 공유할 예정이며, 이는 브리타 홈페이지와 SNS 및 판매채널을 통해 공지될 것입니다.

필터 재활용 솔루션 관련하여 문의사항이나 궁금한 점이 있으시면 여러분과 적극 소통하겠습니다."

함께 참여한 제로웨이스트 가게, 개인, 단체들은 이 소식에 기뻐했다. 당장이라도 브리타 필터가 수거될 줄 알았지만 모든 일에는 시간이 걸리기 마련이다. 약 9개월의 기다림 끝에 아시아 최초로 브리타 재활용 프로그램이 만들어졌다. 2021년 9월 6일 자원 순환의 날에 알맹상점에서 열린 선포식에서는 더 반가운 소식을 들었다. 브리타재팬에서 우리나라의 재활용 프로그램을 배우고 싶다고 브리타코리아에 연락을 했다는 것이다! 재활용의 필요성을 느낀 개인과 가게, 단체가 모여 시민 캠페인을 만들었고 그 캠페인이 기업을 변화시키고 나아가 다른 나라에게까지 선한 영향력을 전했다. 이 얼마나 짜릿하고 멋진 일인가! 정말 소름이 돋았다.

아무리 좋은 불씨라도 혼자서는 커질 수 없다. 장작과 바람이 있어야 꺼지지 않고 계속 활활 탈 수 있다. 판을 깐 캠페이너들이 작은 불씨라면 장작과 바람은 자발적으로 참여한 가게와 시민들이다. 이분들이 아니었으면 불길이 커질 수 있었을까? 한 명 한 명의 관심이 없었다면 브리타 어택은 망했을 것이다. 플라스틱 쓰레기를 줄이기 위해 값진 시간을 내어 서명한 개인들, 필터를 버리지 않고 모은 시민분들, 가게에 기꺼이 공간을 내주고 쓰레기를 모은 전국 수거 거점 가게 대표님들. 이분들이 없었다면 지금도 많은 브리타 필터가 일반 쓰레기로 버려지고 있을 것이다. 수많은 브리타 필터를 구한 우리가 진정한 영웅이다!!

1차 화장품 포장재 어택
: 화장품 용기는 재활용이 안 된다
2021년 1월~3월

우리집 욕실과 화장대에서는 멀쩡한 용기에 담긴 화장품이 없어진 지 꽤 되었다. 화려한 포장재에 담긴 화장품 대신 재사용 용기에 담긴 화장품은 백화점 1층에 진열된 값비싼 화장품보다 모양새가 떨어질지라도 플라스틱 사용 저감에 도움이 된다는 사실을 아는 것처럼 엄청난 존재감을 내뿜는다. 하지만 평범한 가정의 화장대나 욕실에는 플라스틱 포장재에 담긴 화장품(샴푸, 트리트먼트, 바디워시 등)이 못해도 4~5개씩은 존재한다. 사람들은 내용물을 다 사용한 플라스틱 화장품 용기를 추호의 의심도 없이 플라스틱 분리배출함에 분리해서 넣는다. 이렇게 개인들이 분리배출하는 이유는 재활용이 되리라는 믿음이 있기 때문이다. 하지만 재활용이 안 된다면? 개인의 노력이 헛수고로 돌아갈 뿐만 아니라 믿었던 재활용 체계에 대한 불신이 폭발하게 된다. 대부분의 화장품 플라스틱 용기가 재활용이 안 된다고 말하면 "설마" 하는 반응이 대부분이다. 나 역시 설마설마했지만 불길한 예감은 틀리지 않았다.

　2021년 2월 23일 환경부는 「분리배출 표시에 관한 지침」과 「포장재 재질. 구조 등급표시 기준」 일부 개정안을 행정 예고했다. 이를 통해 우리가 사용하는 화장품 포장재(여기서 화장품은 바르는 화장품 이외 샴푸, 바디워시 등 씻어내는 제품도 포함) 중 90%에 달하는 화장품 용기가 '재활용 어려움'으로 평가되었다. 90%라니… 볼 때마다 아주 놀라운 수치다. 그동안 열심히 분리배출한 화장품 용기들은 다 어디로 갔단 말인가? 지금도 쏟아져 나오는 화장품 플라스틱이 땅으로 바다로 버려지고 있다 생각하니 등골이 오싹했다. 2021년 1월, 화장품 업계는 '2030 화장품 플라스틱 이티셔티브 선언'을 발표했다. '재활용 어려움' 제품 100% 제거, 석유 기반 플라스틱 사용 30% 감소, 리필 활성화, 판매한 용기의 자체 회수 등의 노력을 통해 지속가능한 순환경제를 만들겠다는 내용이 담겨 있었다. 참 그럴싸하고 어떻게 보면 박수를 쳐주고 싶은 내용들이지만 이런 달콤한 말 뒤에서 환경부와 화장품 업계는 밑장빼기를 하고 있다. 그것도 한 장이 아니라 두 장이나!!

　첫째는 2030년까지 '재활용 어려움' 제품 100% 제거를 목표로 한다는 문장이다. 이는 10년 동안 재활용 어려운 화장품 용기를 소비자가 계속 구입하고 버려야 한다는 뜻이다. 넘쳐나는 플라스틱 쓰레기로 전 세계가 몸살을 앓고 있고 이제는 인간에게까지 피해가 고스란히 오는 상황에서 10년의 유예는 말이 되지 않는다. 전 세계에 아름다움을 전하는 K뷰티답게 사람의 겉모습뿐만 아니라 지구를 아름답게 지켜야 할 의무가 있지만 화장품 기업들은 그렇게 생각하지 않았던 것 같다.

둘째는 2021년 3월 24일부터 재활용 등급 표시제로 인해 '최우수, 우수, 보통, 재활용 어려움' 4가지 중 해당되는 하나를 표시해야 한다는 부분이다. 화장품 포장재는 90% 이상 '재활용 어려움'에 속해 대부분 '재활용 어려움'을 명시해야 했다. 그런데 행정 예고된 내용은 '대한화장품협회와 환경부가 자발적 협약을 맺고, 화장품 회사가 용기를 10% 역회수하면 재활용 어려움을 표시하지 않아도 된다'라는 것이었다. 화장품 용기를 100% 역회수하더라도 포장재 등급 표시 예외는 말이 안 되는 상황이었는데 고작 10% 역회수를 조건으로 달았다니….

가만히 있을 수 없던 단체들은 '화장품 어택 시민행동'이라는 연대 캠페인을 만들었고, 개정안 발표까지 시간이 턱없이 부족한 상황이라 발 빠르게 움직였다. 녹색연합, 녹색미래, 인천녹색연합, 여성환경연대, 알맹상점, 네이버카페 제로웨이스트홈, 매거진 쓸의 캠페이너들이 매일 각자의 시간을 할애해서 성명서, 기자회견, 서명운동, 캠페인, 카드뉴스 등을 준비했다. 이렇게 시작한 화장품 어택은 시작한 지 불과 2주 만에 86곳의 전국 수거 가게에서 8천여 개, 무게로는 370킬로그램에 달하는 화장품 용기를 수거하고 7,500여 명이 서명하는 결과를 이뤄냈다. 이는 화장품 포장재 재활용 문제의 개선을 위한 시민들의 바람이자 목소리였다.

이렇게 준비하던 어느 날, 대한화장품협회에서 화장품 어택 캠페인 팀에게 회의를 요청했다. 잘 기억은 안 나지만 화장품 업계의 입장을 대변하기 위한 자리였다. 가서 운동권처럼 강력하게 말해야 하나? 심장이 요동치니 청심환이라도 먹을까? 별별 상상을 다 하고 참석했는데 회의는 생각보다 온화한 분위기로 진행되었다.

대한화장품협회의 요지는 플라스틱 저감의 필요성에 극히 공감하며, 그렇게 하기 위해 부단히 노력하지만 화장품은 이미지 산업이라 부정적인 '재활용 어려움'이라는 단어를 표기하기 어렵고, 이미 생산된 수많은 용기를 폐기 처분하고 다시 만들기엔 비용 발생이 크다고 했다. 그들의 입장에서 할 말이 많았을 것이다. 하지만 우리가 듣기엔 다 핑계에 불과했다. 할 말은 다 하며 때로는 날카로운 대화들이 오갔지만, 회의는 잘 끝났다. 우리는 타협할 이유가 없었고 마이웨이! 우리 갈 길을 가기로 했다.

1차 화장품 어택은 2021년 2월 25일 LG생활건강 본사 앞에서 진행되었다. 이날 환경부와 화장품 업계에 전달한 우리의 요구사항은 아래 세 가지였다.

1. 환경부는 '포장재 재질, 구조 등급 표시 기준'에서 화장품 용

기에 대한 적용 예외를 철회하라.

2. 화장품 업계는 '재활용 어려움' 등급을 받은 화장품 용기에 재활용 어려움을 표시하라.

3. 화장품 업계는 한시 빨리 재질과 구조를 변경해 재활용과 재사용이 가능한 지속가능한 포장재로 변경하라.

이 내용을 토대로 화장품 용기재질 개선 촉구, 역회수 체계 구축의 필요성 및 운영방안 제안, 리필 활성화 방안 제안, 화장품 소비자입장 전달, 화장품 용기 수거 현황 및 수거과정에서 시민들의 반응 등에 대해 다섯 명이 기자회견 발언을 준비했다. 알맹상점은 리필스테이션을 직접 운영하는 경험을 토대로 한 리필 활성화 방안 발언을 맡아 진행했다.

행정예고된 내용을 뒤집긴 힘들 것이라는 예상과 달리, 많은 시민들의 목소리 덕분에 환경부는 재행정을 예고했다.

「포장재 재질·구조 등급표시 기준」 고시
가. 평가결과 표시 적용예외에 의무생산자가 포장재 자체 회수 체계 등을 갖춰 해당 포장재의 회수율이 2023년까지 15%, 2025년까지 30%, 2030년까지 70%를 충족할 수 있다고 환경부장관이 인

정한 경우를 포함.♦

    화장품 업계는 대한화장품협회를 통해 화장품 용기 '재활용 어려움' 등급제 표시를 하고 각 회사별로 역회수를 진행하고자 한다는 답변을 받았다. 1차 화장품 어택은 말 그대로 성공적이었다. 양보를 하지 않을 것 같았던 환경부와 화장품 업계가 이렇게 180도 달라진 이유는 무엇일까? 바로 시민, 소비자의 무서움을 알았기 때문이라 생각한다. 예전 소비자들은 가성비를 따졌지만 이제는 나와 모두에게 이로운 가심비를 따지는 소비자들이 점점 늘어나고 있다. 그런 소비자가 목소리를 내고 작은 승리를 현장에서 만들어가고 있다. 캠페인을 진행할수록 많은 시민이 목소리를 내주는 이유는 개개인의 목소리는 작게 들리지만 함께 모이면 메아리를 만들고 그 메아리가 세상으로 나아가 주변을 이롭게 변화시키는 데 도움이 될 수 있다는 것을 한 명 한 명 깨닫고 있기 때문이라는 확신이 든다. 모일수록 연대의 힘은 강해지고 그 힘이 선한 영향력이 되어 세상을 변화시킨다. 어택은 자발적으로 모인 수많은 시민이 만들어낸 멋진 결과물이다.

2차 화장품 포장재 어택

2021년 3월~6월

전국에서 모인 약 8천 개의 화장품 용기를 기자회견에서 사진을 찍는 용도로만 사용하기엔 너무 아까웠다. 재활용이 되지 않아 전부 일반 쓰레기로 버려져야 할 처지의 화장품 용기를 의미있는 데이터로 만들기 위해서 캠페이너들이 다시 모였다. 1차 화장품 포장재 어택으로 초기의 목적을 달성했지만 알맹상점 마당의 화장품 플라스틱으로 가득 찬 마대자루를 볼 때마다 속에서 열불이 터졌다. '재활용 어려움' 문구는 소비자에게 정확한 정보 전달을 하고 선별장에서 올바른 선별을 하기 위해 필요할 뿐, 재활용 가능한 소재로 바꾼다는 의미가 아니다. '재활용 어려움' 표시를 하기 싫은 화장품 회사들이 자발적으로 재활용 최우수 등급을 표시할 수 있는 용기로 변경할 수 있겠으나 우리는 좀 더 확실한 데이터와 결과물을 원했다.

2차 화장품 어택을 준비하자는 의견이 모이기 시작했다. 2차

192

어택의 핵심은 전국에서 모인 화장품 용기 중 '재활용 어려움' 등급의 용기가 얼마나 되는지, 그런 화장품을 가장 많이 생산하는 회사는 어디인지 밝히는 것이었다. 8천 개의 용기 뒷면을 보고 하나하나 데이터를 입력하는 이 어마어마한 일을 과연 누가 할까 싶었지만 많은 시민이 자발적으로 시간을 내어 참여해주셨다. 브리타 워크숍 못지않은 인기로 100여 명이 넘는 시민이 동참했는데, 이런 자발적인 동참은 나 혼자 유별난 것이 아님을 확인하고 서로에게 힘이 되는 계기가 되어주었다.

알맹상점 외 전국 제로웨이스트 가게 21곳이 함께 조사했다. 알맹상점에는 공간이 따로 없어 어쩔 수 없이 야외 마당에서 조사를 진행했다. 파라솔 하나 없이 해의 움직임에 따라 생기는 그늘을 쫓아다니며 화장품 포장재 조사를 하는 모습을 보니 너무 죄송스러웠다. 하지만 누구 한 명 불평불만 없이 그늘을 따라 의자와 화장품 용기를 이리저리 옮겼다. 결코 즐겁지 않은 상황인데 삼삼오오 모여 수많은 화장품 용기 뒷면을 뚫어지게 보고 핸드폰에 하나하나 입력을 하는 모습은 더 나은 세상을 위한 소리 없는 목소리이자 행동이었다. 우리가 해드릴 수 있는 것은 간단한 간식과 음료를 준비하는 것뿐이었다. 2주 동안 내 일처럼 함께 참여해주신 분들의 모습은 희망 그 자체였다. 각기 다른 주체의 긍정의 에너지는 함께하는 모든 이들을 더 나은 사람으로 이끌었고 대가 없는 일의 가치를 빛나게 했다.

이렇게 많은 분들의 자발적 참여 덕분에 용기 8천 개의 조사가 문제없이 착착 진행되었다. 시작하기 전 간단한 오리엔테이션을 하고 각자 앞에 있는 화장품 용기를 보고 입력을 시작하며 참여하신 시민분들은 놀라움을 금치 못했었다. 1차 어택으로 화장품 용기가 재활용이 어렵다는 것을 알고 있었는데도 직접 분류해보니 사태가 훨씬 심각함을 느낄 수 있었고 산더미처럼 쌓인 화장품 포장재를 실제로 눈으로 보니 생각보다 훨씬 많아서 충격이었던 것이다.

"재활용 불가능이 많아 충격적이었고 변화가 절실하다는 생각이 들었습니다. 일회용품뿐만 아니라 공산품에도 문제가 많은 이상 시민뿐 아니라 기업에서 많은 변화를 실천해주셨으면 좋겠습니다."

"막막하지만 기업을 독촉하는 데 조금이나마 힘을 보탤 수 있어 다행입니다."

"생각보다 너무 많은 재질이 재활용 불가능하다는 것을 알게 되었고 우리가 예쁜 쓰레기를 사서 버렸구나 하는 반성도 했어요."

직접 참가한 시민들이 남긴 목소리다. 샴푸통같이 큰 통보다는 스킨 케어나 색조의 부피 작은 화장품 용기가 많았고, 복합 재질 또는 분리가 안 되는 일체형 제품이 많았다. 이 모든 것이 다 버려지다니 놀라움을 넘어 분노가 차올랐다. 내 돈 주고 나를 위해 구입했지만 결국 버려진 후 제대로 처리가 되지 않아 미세플라스틱으로 돌아와 나를 위협하는 아이러니한 상황. 정부와 기업은 공동체 의식을 가지고 함께 이 문제를 해결해야 하며, 특히 화장품 판매를 통해 수익을 창출하는 기업은 더욱 도덕적 책임감을 가져야 한다. 그러나 자발적으로 필요성을 절실히 느껴 실천하는 개인과 달리 정부와 기업은 이해관계자들이 많으니 기다려달라고만 한다. 과연 지구와 환경은 이 상황을 기다릴 수 있을까?

이렇게 모인 데이터를 전부 통합하여 그래프를 만들기 위해 금자님이 고생하셨다. 글자 하나만 틀려도 통계가 돌아가지 않아 하나부터 열까지, 아니 1개부터 8천 개까지 다 맞춰가며 엑셀 통계를 냈고 그 결과 '재활용 어려움' 퍼센티지와 업체 순위에 대한 통계가 나왔다. 금자님 정말 인간 승리. 그는 정말 못하는 게 없다. 멋진 사람.

해외 직구 상품, 라벨이 훼손되어 제품명과 판매 업체 등을 확인할 수 없는 제품을 제외한 총 6,617개 제품을 회사별로 분류해 재질과 재활용 불가능의 원인을 조사했다. 재활용이 가능한 용기는 18.7%에 불과했다. 이 자료를 토대로 2차 기자회견을 아모레퍼시픽 본사 앞에서 진행하고 아모레퍼시픽에 재활용이 어려운 용기 780개를 직접 전달했다. 회사는 용기들을 자사의 공병 회수 캠페인을 통해 업사이클링 하겠다고 밝혔다. 또한 임원이 "현재 공식적인 아모레퍼시픽의 화장품 용기 '재활용 어려움' 등급은

약 45%지만, 앞으로 모든 제품의 포장재가 재활용될 수 있도록 뷰티 업계 선도기업으로서 노력해나가겠다"라고 발언했다.

발언으로 그치지 않고 행동하는 기업으로 변모하기 위해선 시민들의 끊임없는 관심이 필수이다. 기업을 변화시킬 수 있는 원천적인 힘은 소비자로부터 나온다. 개인이 어떻게 지갑을 여느냐에 따라 많은 것이 달라질 수 있다. 기업이 약속한 '재활용 등급제' 표시를 잘 했는지 화장품을 구입할 때마다 뒷면의 표시사항을 확인하는 작은 습관은 친환경 소비의 첫걸음이 될 수 있다. '재활용 최우수' 등급의 화장품 포장재만 구입하거나 재활용이 잘 되도록 용기 소재를 단일화하고 책임 있는 역회수를 해달라는 요청을 기업에 전달할 수도 있다. 이렇게 모든 단계에서 좋은 영향을 미치기 위해 함께 노력한다면 화장품 포장재 문제뿐만 아니라 다른 포장재 영역까지 선한 영향력의 효과가 나타나지 않을까. 변화는 느리더라도 서로에게 영향력을 주고받으며 생긴 관계성은 쉽게 무너지지 않는다. 자발적인 관계성은 제도보다 더 큰 역할을 해내고 있음을 캠페인을 통해 실감한다.

 화장품 용기 재활용 현황(2021.3월 현재)

리필스테이션 활성화를 위한 규제완화

2021년 4월~현재

"내 평생 시민단체 일하면서 규제하라! 규제하라!는 외쳐봤지만 완화하라! 완화하라!는 난생 처음이에요." 10년 넘게 시민단체에서 일한 금자님과 대화할 때면 머리를 한 대 맞은 것처럼 댕!! 할 때가 있는데 이번 역시 머리를 댕 얻어맞은 느낌이었다. 사실 댕!! 할 때가 많아서 내 머리가 남아나질 않는다. 이런 대화를 할때면 규제든, 완화든 나에게 당장 피해가 없으면 큰 관심 두지 않았던 지난날이 스쳐 지나간다. 등 따시고 배부르게 있을 때 다른 곳에서 누군가는 살기 좋은 세상을 위해 노력했다는 자체가 진심으로 고마웠고, 지금이라도 그 변화에 힘이 되고 싶다는 생각이 매번 들었다. 아직 캠페이너로의 경력은 햇병아리라 무엇을 해야 하는지 잘 모르지만 "가즈아!" 열정 하나만큼은 어떤 시민단체 캠페이너보다 자신 있었기에 몸이 두 쪽 나더라도 이리저리 뛰어다니며, 화장품 리필 규제완화를 위해 목소리를 높였다. 이렇게 화장품 리필 규제완화에 목소리를 높이게 된 계기는 사실 복합적이었다.

2021년 상반기, 파주의 한 재활용 선별 업체를 방문한 적이 있다. 그동안 재활용 선별장의 상황이 얼마나 심각한지 영상과 사진을 많이 본 터라 마음을 단단히 먹고 갔지만 그날은 내 삶에 있어 세 손가락 안에 들 만큼 충격적이었다. 솔직히 내가 아무리 열심히 해도 희망이 없겠구나 싶기도 했다. 매일 어마어마한 양의 재활용 쓰레기가 쏟아져 들어오는데, 중요한 건 거의 대부분 재활용이 안 된다는 점이다. 정말 다 버려지고 있었다. 재활용은 정말 정답이 아닌데… 요즘 재활용이 용이하게 만들어 파는 것만으로 친환경 기업이라고 면죄부 받는 곳들이 늘어나서 참으로 안타깝다. 물론 재활용 안 하는 것보다는 훨씬 칭찬받을 일이지만, 사용량을 줄이면서 재사용하는 방법을 늘 염두에 두어야 한다.

화장품, 세제, 먹거리 등 우리가 잠시 내용물만 취하고 버리는 모든 쓰레기에 재사용 시스템이 꼭 필요하다. 인스타그램 무포장@mupojang 피드에서 독일의 Vilsa 회사 생수를 재사용 유리병에 담아 판매하는 모습을 보았다. 이 업체에서 생수, 주스, 맥주 등 유리병에 담긴 다양한 음료를 온라인으로 주문하면 연계된 동네 배달 업체에서 3~4시간 안에 플라스틱 케이스에 유리병을 담은 형태로 배달해준다. 배달 올 때 빈 병을 수거하고 보증금을 반납받는데, 플라스틱 케이스와 유리병 모두 재사용하고 있으며 동네 기반이라 장거리 운송으로 인한 탄소 에너지 발생을 덜 수 있다. 이런 독일의 시스템이 너무 부러웠다.

한 기업에서는 페트병 대신 멸균팩에 든 물이 친환경적이라고 홍보하며 판매하고 있지만 자원을 아끼는 지속가능한 방법은 재활용이 아니라 재사용에 있다. 재사용 시스템이 깔리고 그 위에 재활용이 있다면 자원은 훨씬 절약되고 쓰레기 양이 눈에 보이게 줄 것이다. 또한 재사용과 재활용은 인력이 꼭 필요한 부분이기에 다양한 일자리도 마련될 수 있는 1석 2조, 아니 그 이상의 다양한 효과가 있다. 올바른 재활용을 위해선 재질 단일화가 앞선 조건이지만 쓰레기를 획기적으로 줄일 수 있는 리필 활성화가 시급하다는 판단을 했다. 우리는 때와 장소를 가리지 않고 자리가 마련될 때마다(안 되면 만들어서!) 플라스틱 저감을 위한 화장품 리필의 필요성을 설명하고 다녔다.

2021년 가을 기준, 전국의 제로웨이스트 가게는 150여 개로 추정되는데 당시 식약처 허가된 화장품 소분 매장은 10여 군데에 불과했다. 이 10%도 안 되는 화장품 리필 가게는 대부분 수도권에 있어 지방 거주자는 구입이 불가능했다.

화장품 리필 가게의 활성화가 어려운 가장 큰 이유는 기준이 높은 '맞춤형화장품조제관리사'라는 국가자격증을 취득해야 화장품을 소분해 합법적으로 판매할 수 있기 때문이다. 해당 시험은 수능 언어영역 저리 가라 할 정도로 엄청 어렵다. 나는 제1회와 제3회 시험을 직접 봤는데 1회 때 떨어진 걸 땅치고 후회할 만큼 3회 시험의 난이도는 말 그대로 헉 소리가 절로 나왔다.

가게를 운영하면서 이렇게 어려운 시험 공부를 할 수 있을까? 모든 자영업이 그렇겠지만 특히 제로웨이스트 가게는 정말 정말 손이 많이 간다. 일을 다하고 나면 녹초가 되어 내 몸 하나 씻기도 싫을 때가 비일비재할 정도로 노동 강도가 높다. 20리터 말통 두세 개만 옮겨도 하루 종일 체력이 후덜덜 하고, 똑같은 말을 하루에도 수백 번 하면서 진이 빠진다. 말통 옮기고 펌프 터지고 같은 말 계속하고 게다가 손님이 컴플레인을 걸고…. 정말 멘탈이 탈탈 털리다 못해 영혼이 가출하고 만다. 정신줄을 붙잡을 수가 없어 나도 모르게 이마에 내천 자가 그려지고 목소리는 절로 날카로워지는데 이런 상황에서 공부가 웬 말인가?

그럼 자격증 소지자를 채용하면 되지 않느냐고? 아직도 대부분의 제로웨이스트 가게가 1인 체제로 운영되고 있다. 최저 시급 아르바이트생 채용을 꿈도 꾸지 못할 정도로 매출과 마진율이 좋지 않은 게 현실이기 때문이다. 도모도모 모임에서도 사장 월급은커녕 월세만 내도 다행이라는 분위기다. 화학 작용을 정확하게 이해하고 고객의 피부와 만족도에 따라 화장품을 조제하는 전문 분야 담당자에게는 그에 맞는 국가자격증이 필수겠지만, 현재 리필 매장의 일은 공장에서 만들어진 완성품을 그대로 받아 펌프를 장착하고 소분하는 것이 전부다. 다른 제품이나 화학물을 섞지도

않고 조제하지도 않는다. 제품이 잘 들어왔는지 확인하고 소비자
가 화장품을 담는 재사용 통의 위생을 확인하고 리필하는 방법을
안내 후 표시사항을 전달하고 계산하면 업무가 끝난다. 실제로
고급 인력인 그들을 채용한 기업의 상황도 난감하다고 한다. 막
상 고급 인력인 맞춤형화장품제조관리사를 채용해도 시험 난이
도에 비해 단순 소분, 리필을 주로 하는 업무를 맡게 되고, 본인의
기대치와 업무에 차이가 발생해서 그만두는 인력이 많기 때문이
다. 이 시험의 공부를 해본 분들은 누구나 공감할 내용이다. 단순
소분, 리필에 이렇게 어려운 시험과 자격증이 필요할지 의문이
들었다. 수능 준비하는 수준으로 공부해서 합격했는데 정작 그
내용을 일할 때 쓸 일이 거의 없다. 이 부분에 있어서도 제도적 개
선이 필요했다.

  화장품 소분 업무는 단순해 보이지만 이로 인해 줄어드는 화
장품 포장재의 양은 실제로 어마어마하다. 알맹상점에서 2021
년 한 해 동안 화장품 4,198리터, 약 4톤의 화장품을 판매했다. 이
를 100밀리리터 플라스틱 병으로 환산한다면 1년 동안 4만 개 넘
는 플라스틱 병 사용을 감소시킨 것이다. 여기서 더 중요한 점은 100
밀리리터처럼 작은 플라스틱 병은 재활용이 어렵다는 사실이다.

특히 화장품이 담긴 플라스틱 병은 현재 재활용이 거의 되지 않고 있다. 그 이유는 잔여물이 남기 쉬워 재활용을 방해하고, 재질이 단일화되지 않았으며, 디자인적으로 필요한 인쇄와 색 사용으로 재활용 품질이 떨어지기 때문이다. 하지만 리필매장에서 화장품을 구입하면 재활용이 안 되는 화장품 용기 자체가 줄어들게 된다.

화장품 용기를 버리는 대신 씻고 말려서 내용물을 담아가는 일은 참으로 번거롭다. 다들 "누가 그걸 하겠어?"라고 우리에게 말했지만 1년 동안 4톤 넘게 판매한 것이 이미 많은 소비자가 친환경 소비를 원하고 있고 준비가 되어 있다는 증거다. 오히려 기업과 제도가 준비가 되지 않았다는 것을 증명하고 있는 게 아닐까? 그래서 화장품 포장재 1차, 2차 어택, 기자회견 때마다 화장품 리필 활성화를 위해 맞춤형화장품조제관리사 자격증이 아닌 위생 교육을 이수한 '소분 관리사' 같은 제도가 시급하다는 목소리를 계속 냈다.

이런 목소리 덕분에 여러 기관의 리필 활성화 지지가 생겼고 화장품 리필 활성화가 코앞에 다가온 것 같았다. 2차 어택 이후 만 명이 넘는 분들이 서명으로 형성된 '여론'도 있고 다양한 언론에서 화장품 포장재와 리필에 관해 다뤘기 때문에 해외처럼 금방 시행이 가능할 것이라 기대했다. 그러나 한 번 정해진 화장품 법을 개정하기 위해선 많은 시간과 검증이 필요했다. 2020년 3월에 처음 시작한 맞춤형화장품조제관리사 제도는 2016년부터 2019년 동안 59개 시범운영을 거친 이후 2년여 동안 산업계 준비를 통해 2020년 2월 국가자격증 시험이 시작되었다. 그런데 시행한 지 불과 1년 반 만에 화장품 리필 활성화를 위한 새로운 개정안이 필요한 상황이 된 것이다. 제로웨이스트 가게와 친환경 소비자들이 대환영할 소식이었지만, 기존 맞춤형화장품조제관리사 자격증을 준비한 수험생과 자격증 보유자, 일부 업계에서 원성을 살 수밖에 없었다. 소분 관리사와 맞춤형화장품조제관리사는 서로 전혀 다른 영역의 업무를 하게 되는 것이지만, 식약처는 국가기관으로서 국민의 목소리를 다 외면할 수 없는 입장이었다. 또한 소비자 단체는 소비자가 경험할 수 있는 다양한 피해 사례를 들어 맞춤형화장품조제관리사 없이 리필하는 것에 대한 우려를 표명했다.

쉬운 일이 하나도 없었다. 우리에게 직접 닥쳐온 플라스틱 쓰레기 문제 해결을 위해 리필을 외치고 있는데 설득하고 설명하고 이해시켜야 할 사람과 단체가 줄줄이 사탕이었다. 전문가와 단체들은 각자의 입장에서 문제가 될 만한 부분을 질문했고 우리는 그 질문에 최선을 다해 답변했다. 성격 급한 나는 정말 애가 타고 속에서 불이 났지만 내가 안달복달한다고 될 일이 아니라는 걸 일을 진행하며 점점 깨달았다.

2021년 6월, 환경부와 노웅래 국회의원이 주최한 화장품 포장재 재활용 관련 토론회 날의 기억이 아직도 선명하다. 토론회 당

일인 여름 아침, 상점 오픈 이후 처음으로 대대적으로 투자한 알맹 고체 치약 상자를 옮길 일이 발생했다. 보관 장소가 마땅치 않아 금자님 집의 지하 1층에 보관했는데, 연일 습도가 높아 잘못하다간 전부 폐기할 상황이었기 때문이다. 한 푼이라도 아끼기 위해 공간을 빌리는 대신 우리집으로 옮겨 보관하기로 한 것이다. 고체 치약 100정짜리가 70개씩 담긴 100박스 정도를 정은 매니저님의 도움을 얻어 엘리베이터 없는 지하 1층에서 역시 엘리베이터 없는 2층까지 이동시키는 일은 해보지 않은 사람은 모를 정도로 힘든 일이었다. 이날 상황은 '아프니까 청춘이다'가 아니라 '아프니까 사장이다'였다.

두들겨 맞은 것처럼 힘든 몸을 이끌고 도착한 토론회장의 중압감이 엄청났다. 생각보다 너무 많은 기자들, 환경부 장관님, 대기업 화장품 회사의 부회장, 대표이사들이 온 자리라니…. 정말 울고 싶은 심정이었다. 급조한 PPT가 너무 초라해 보였고, 긴장한 나머지 프리젠터를 거꾸로 들고 발표했던 모습을 생각하면 아직도 쥐구멍으로 숨고 싶다. 하지만 정말 중요한 자리고 소상공인을 대표해 화장품 리필 활성화를 논하는 자리인 만큼 어느 때보다 목소리에 힘주어 발표했다. 턱없이 부족한 15분의 시간 동안 최선을 다해 소비자의 친환경 니즈를 증명하고 화장품 리필 규제완화의 필요성을 외쳤다.

이렇게 화장품 리필 규제완화의 정당성을 위한 이유를 하나씩 만들고, 최종적으로 실증 특례 샌드박스 시범운영을 통해 조제관리사 없는 리필 가게의 안정성을 검증한 뒤 전국으로 화장품 리필 규제를 완화하는 것으로 방향을 잡기 시작했다. 그때부터 본격적으로 식약처와 대한화장품협회, 대한상공회의소 세 곳과 지속적으로 연락을 주고받고 회의를 하며 실증 특례를 준비했다. 화장품 관련 위생 가이드라인이 없었기에 각 분야의 전문가와 줌 회의를 통해 화장품 소분 가이드라인을 만들었고, 산업통상자원부에 제출할 서류 작성을 위해 대한상공회의소와 여러 업체의 컨택을 진행했다. 어떻게 그 과정을 다 해냈는지 기억이 안 날 정도로 매일 일에 치여 살았다. 하루 한 끼도 못 먹는 날이 허다했고, 어린 아이들은 방치되고 집은 말 그대로 개판이 되었다. 하지만 멈출 수가 없었다. 나의 능력치와 상관없이 염원해온 일이고, 이 일이 잘되면 규제가 완화될 것이고, 그로 인해 전국 제로웨이스트 가게에서 누구나 화장품을 알맹이만 판매할 수 있게 되면 많은 플라스틱을 저감할 수 있게 될 것이었다. 꿈 같은 일이 눈앞에 있었다. 책임감으로 꾸역꾸역 일을 진행하던 어느 날, 문득 어쩌다 이렇게 큰일을 진행하게 되었는지 엄청난 무게감이 느껴졌다. 그런 중압감 때문인지 전문가 회의를 진행할 때는 나도 모르게 말수가 줄어들었다. 혹여나 나의 한마디로 인해 지금까지 진행된 일들이 와르르 무너질까 봐 걱정이 되어 전문가 회의 전날은 밤잠을 제대로 이루지 못했다.

그동안 사실 서류의 '서'자도 듣고 싶지 않을 만큼 서류 일을 기피했다. 알맹상점을 운영하며 다양한 프로젝트를 지원금을 받고 진행할 수 있었지만, 서류 작성할 시간에 차라리 상점에서 열심히 번 돈으로 우리가 하고 싶은 캠페인을 하겠다고 공공연히 말할 정도로 서류 작성을 대놓고 싫어했다. 하지만 실증 특례 샌드박스 서류는 피할 수가 없었다. 작성할 몇십 페이지의 서류를 처음 본 날에는 깊게 한숨을 내쉬고 바로 컴퓨터를 껐다. 산업부의 지원금 소식에 '사람이 죽으라는 법은 없구나' 하는 안도의 한숨도 잠시, 지원금과 자부담금이 1:1 비율이라는 소식을 들었다. 지원 받을 수 있는 만큼 최대한 받으라는 주변의 권유에도 불구하고 우리는 상점에서 1년 동안 할 수 있는 만큼만 지원금을 신청해야 했다. 지원금은 국민의 세금이라 결국 내 주머니에서 나온 돈이랑 똑같아서 헛으로 쓰고 싶지 않은 마음도 컸다.

맞춤형화장품조제관리사가 있는 망원점은 대조군, 맞춤형조제관리사가 없는 서울역점은 실험군으로 설정했다. 큰 제로웨이스트 가게 체인이 없는 환경이라 다른 제로웨이스트 가게들도 함께 실험군으로 참여했다. 조건은 알맹상점 책임 하에 다른 제로웨이스트 가게가 함께하는 것이다. 문제가 생기면 알맹상점이 전부 책임져야 했다. 그래서 함께하는 상점 선택에 매우 신중할 필요가 있었다. 우선, 사익보다는 공익을 우선시 하는 곳, 2년 동안 문을 닫지 않고 지속적으로 운영할 수 있는 곳, 어느 정도 고정 소비자가 있어 판매가 지속가능한 곳 등 다양한 조건을 만들었다.

우리는 고심 끝에 도모도모 모임을 통해 신청서를 받았다. 도모도모 모임을 함께 하지 않는 제로웨이스트 가게들에게 기회가 제공되지 않는 것이 마음에 걸렸지만 당시 중요한 것은 책임감과 신뢰도였다. 시범운영을 잘해야 뜻이 있는 모든 가게와 혜택을 나눌 수 있었다. 우리가 책임을 져야 하기 때문에 예전부터 소통했던 곳들 중 선택하는 것이 좋겠다는 의견이 모였다. 신중하게 두 곳, 광주 카페이공과 중랑구 보탬상점으로 결정했다. 두 가게와 함께 2022년 1월 25일부터 조제관리사 없는 화장품 소분(리필) 가게 운영을 시작했다. 리필을 원하는 소비자가 없다면 실증특례 시범운영을 할 수 있었을까? 우리처럼 작은 가게가 실증특례 시범운영을 적용받을 수 있었던 것은 망원점에서 화장품 리필 소비를 해주신 알맹러들 덕분이다. 이처럼 소비자에게는 제도를 변화시키고 이끄는 힘이 있다. 앞으로 2년 동안 많은 소비자가 시범운영하는 세 곳을 내 집처럼 방문하고 화장품을 리필로 구입한다면 플라스틱 프리 제도를 만드는 데 큰 기여가 될 것이다. 용기를 재사용하는 작은 실천들이 모이고 모여, 조제관리사 없는 화장품 소분 가게 시범운영을 성공적으로 마칠 그날을 기다린다.

해외처럼 전국 어디에서나 필요한 만큼, 재사용 용기에 화장품을 구입할 수 있는 두근두근 가슴 떨리는 날이 점점 다가온다. 감사하게도 환경부와 포장재공제조합에서 '조제관리사 없는 소분가게 시범운영' 시작과 동시에 입구가 넓은 100% 재생용기를 소상공인 리필 가게 8곳에 지원한다고 한다. 입구가 작은 화장품 용기 역시 문제 중 하나였다. 그런데 우리가 요구하기 전에 환경부에서 먼저 파악하고 연락을 주신 것이다. 첫 단추가 잘 끼워지니 다음 단추도 제자리를 찾아가는 느낌이었다. 서로 상호작용하고 좋은 세상을 만드는 그림이 조금씩 그려지는 것 같다. 이 기운을 받아 2년 동안 열심히 달릴 것이다.

● 조제 관리사 없는 화장품 소분 가게 시범운영 3곳

1. 알맹상점 리스테이션 2호점 @almang_market

서울 중구 한강대로 405 롯데마트 4층, 옥외주차장 왼쪽 나무 건물

2. 보탬상점 @botaemsangjeom

서울 중랑구 봉화산로22길 2 스타팰리스 1층

3. 송정 마을 카페이공 @cafe20_2roun0gan

광주 광산구 송도로 257-1

● 화장품 리필 시 주의사항

1. 사용한 용기를 깨끗하게 씻는다.

2. 용기와 뚜껑 물기를 바짝 말린다.

3. 되도록 해당 용도의 용기를 사용하기를 추천한다(샴푸통에는 샴푸를 리필). 펌프 뚜껑보다는 원캡 뚜껑에 리필하기를 권장한다.

'멸.종.위기' 캠페인

2021년 5월~현재

알맹 커뮤니티 회수센터는 매출보다 빠르게 급성장했다. 이렇게 회수한 자원들을 고물상에 팔았다면 우리는 진작 부자가 되었을 것이다. 하지만 우리는 돈 대신 재활용 업체와 무한한 신뢰 관계를 구축했다. 특히 멸균팩은 어디서 볼 수 없는 고퀄리티 고급 자원을 모아 꾸준히 보냈더니 재활용 업체에서 우리 상점으로 직접 찾아오신 적도 있다. 트럭에 실을 정도로 많지는 않더라도 적지 않은 양의 멸균팩을 매번 사비로 보내고 있었는데, 멸균팩을 보낼 때엔 택배비 지원을 받을 수 있게 되었다.

모두 열심히 참여해주신 알맹러 덕분. 그리고 종이팩(일반팩, 멸균팩) 분리배출 방법을 몰라 제대로 못한 분들에게 가위를 쥐어준 알맹상점의 매니저님들 덕분이다. 우리가 종이팩을 따로 열심히 모으는 이유는 종이팩이 아주 귀한 자원이기 때문이다. 안쪽이 하얀색인 일반팩(우유팩)은 나무 대신 화장지로 만들어지고, 멸균팩은 페이퍼타월 원단을 만들고, 남은 합성수지 부분으로 산업용 파렛트에 사용하는 수지를 만든다. 우리가 사용하는 화장지와 키친타월은 보통 20~30년생 나무를 베어 펄프 원료로 가공한 다음 만들어진다. 한국제지연합회 등에 따르면 화장지 원단 수입비율은 2016년 7.7%에서 2020년 16.9%로 2배 이상 급증했다. 만약 종이팩이 100% 재활용된다면 연간 20~30년생 나무 130만 그루를 살릴 수 있다. 이토록 어마어마한 고급자원이지만 종이팩은 재활용되지 않고 폐기되며, 재활용 펄프 원료는 또 수입하는 것이 현실이라 이러한 부분을 시민들에게 알리고, 제대로 된 종이팩 재활용을 독려하고 있다.

전국적으로 종이팩을 수거하는 제로웨이스트 가게가 점점 많아지면서 종이팩 중 멸균팩을 어디로 보내면 되는지에 대한 문의를 많이 받았다. 각자 운영하는 제로웨이스트 가게에서도 모으고 싶은데 모은 자원을 보낼 곳이 주변에 없다는 것이다. 다들 알맹상점 못지않은 고퀄리티 멸균팩 자원을 모을 수 있을 거란 굳은 믿음이 있었지만 택배비가 걱정되었다. 대부분 전국 제로웨이스트 가게들의 자원회수센터는 봉사로 운영된다. 제로웨이스트 가게의 운영이 원활하고 수익이 발생한다면 그 일부를 자원을 보내는 비용으로 사용할 수 있겠지만 제대로 된 생활임금도 못 가져가는 곳들이 꽤 있다. 이 경우 자원을 보내는 택배비가 부담이 될 수 있어 결국 지속가능한 방법이 아니었다. 그렇다고 보낼 곳 없는 자원의 처리 비용을 소비자에게 받을 수도 없는 노릇이다. 그리고 재활용 업체로부터 우리나라 멸균팩 수거량이 현저하게 떨어져 호주와 일본에서 수입하고 있다는 말을 들었다. 한국순환자원유통지원센터에 따르면 멸균팩 사용 비중은 2015년 25%에서 2020년 41.3%로 급증했다. 또한 온라인 판매 증가 및 비건음료 시장의 성장에 따라 상온 유통이 가능한 멸균팩 사용은 더욱 증가할 전망이라고 했다. 멸균팩 사용량은 꾸준히 증가하고 있는데 재활용이 잘 되지 않아 자원을 수입하다니, 이게 무슨 마른하늘에 날벼락 같은 소리인지…. 한쪽에서는 모아서 보내고 싶다고 아우성, 한쪽에서는 재활용 자원이 부족하다고 아우성, 정작 필요한 자원은 쓰레기로 버려지고 있는 어처구니없는 상황.

모으고 싶어 하는 가게에서 열심히 모아 자원을 필요로 하는 재활용 업체로 보내면 되지 않을까? 자원을 모으길 원하는 전국의 다양한 가게를 도울 무슨 방법이 없을지 이리저리 궁리한 끝에 직접 재활용업체에 택배비 지원 요청을 하게 되었다. 하지만 다른 곳(기업, 협동조합)들과 MOU를 체결하여 힘들다는 답변을 받고 너무 안타까웠다. 작은 규모로 운영되는 제로웨이스트 가게들이지만 열정과 노력은 기업 못지않은데….

뜻이 있는 곳에 길이 있다는 말처럼 몇 개월 뒤 멸균팩 재활용 업체 담당자분이 바뀌면서 다시 기회가 찾아왔다. 기회를 놓치지 않고 다시 도모도모 모임을 어필했고, 담당자분은 회사를 여러 번 설득하고 지속적으로 어필한 끝에 전국 멸균팩 택배비 지원이 성사되었다. 와우! 역시 포기는 금물. 남에게 피해되는 일을 제외하곤 인내와 끈기로 밀어붙여야 한다는 진리를 깨달았다.

이렇게 되기까지 이곳저곳과 통화할 때마다 "전국 제로웨이스트 가게 연대모임 도모도모입니다"라고 설명하면 "네? 무슨 협회라고요?" 내지는 "단체가 아닌 모임인가요?" 반응을 받았다. 무언가 형식적으로 만들어진 단체가 아니라 연대의 마음을 가진 작은 모임도 무슨 일이든 할 수 있다는 모델을 만들고 싶어서 매번 도모도모 모임을 열심히 설명했다.

처음에 알맹상점의 무포장제품 B2B 판매로 도모도모 모임이 시작되었지만, 전국의 제로웨이스트 가게들이 모여 캠페인을 함께 기획하고 환경 제도 이슈가 있으면 같이 목소리를 내고 있다. 영리로 만남이 성사되어 비영리로 꽃을 피우는 도모도모 모임. 평상시에는 흩어져서 각자 생업에 열중하지만 캠페인을 할 때는 쫙 모여서 함께 힘을 보태고 있다. 전국 150곳 정도 되는 가게들이 흩어져! 모여!를 찰떡같이 할 수 있는 이유는 모두의 마음이 환경을 향해 모여 있기 때문이 아닐까. 내가 살고 있는 우리 동네를 위해, 우리 아이들을 위해, 나를 위해 등 출발점이 조금씩 다르지만 결국 더 좋은 세상을 만들고자 하는 염원이 있기에 생업을 하면서도 함께 목소리를 내는 것을 숙명처럼 받아들였을 것이다. 이렇게 모인 도모도모 모임은 실제로 일을 도모하기 시작했다.

바로 멸균팩 캠페인을 다른 단체의 도움 없이 시작하게 된 것이다! 함께 아이디어를 내고 방향성을 논의하면서 캠페인을 이끌어 갈 실무진을 모집하고, '소중한 모든것, 소정 대표님', '산제로 상점, 이하정 대표님', '카페이공, 왕꽃님'이 함께했다.

우리가 함께한 일은 참으로 많다. 멸균팩 캠페인의 이름을 정하기 위해 도모도모 모임 오픈채팅방에서 투표도 진행했다. 처음엔 '멸(균팩)순(환 프로젝트)이를 찾습니다. 멸.순.이.'가 될 뻔했지만 막판에 '멸(균팩)종(이팩)위기 탈출!! 멸.종.위기'로 정해졌다. 이름이 정해지면서 캠페인도 급물살을 탔다. 홍보할 카드뉴스의 내용과 웹자보를 제작하고 멸.종.위기 캠페인 수거처 신청서를 SNS, 도모도모 오픈채팅방, 브리타 어택 오픈채팅방 등에 알렸다. 알림과 동시에 전국에서 신청서를 작성해 보내주셨다. 캠페인을 진행하면 할수록 함께하는 가게들의 숫자는 배로 늘어났고 2021년 7월 23일부터 2022년 1월 21일까지 전국 211곳의 다양한 가게에서 멸.종.위기를 함께 하고 있다. (계속 신청 받고 있습니다.)

이 일은 단순히 홍보만 해서 될 일은 아니었다. 종이팩 중 일반팩(우유팩)을 주민센터나 한살림, 생협에 가져다주면 리워드로 선물을 제공하고 있었기에 멸.종.위기 캠페인의 초기 홍보를 위해선 리워드가 필요했다. 리워드를 초반에 신청한 약 140곳의 가게에 동시에 지원해줘야 하는 만큼 비용이 꽤 드는 일이라 유업 회사와 멸균팩 만드는 회사의 협력을 얻으면 도움이 될 것 같아 두 군데의 업체에 연락했다. 유업은 처음 통화할 때 너무 호의적이라 잘 성사되겠다 싶었지만 나중에 함께 동참하기는 어렵겠다는 답변을 받았고, 멸균팩 회사의 담당자와는 끝내 연결이 되지 않았다. 다시 새로운 문제에 봉착한 것이다. 전국 모든 수거 가게에 부담을 주지 않으면서 기업의 후원, 정부 지원금도 없이 우리의 힘으로 그들을 지원해야 하는 상황이었다. 사람이 북적거리고 나름 알려져 매출이 많을 것 같은 우리 알맹상점도 매달 월세와 인건비를 충당하면 통장이 너덜너덜해지는 상황에서 다른 제로웨이스트 가게들을 지원하며 큰 캠페인을 진행하기엔 운영비가 턱없이 부족했다.

가게에 매출이 발생해야 전국 제로웨이스트 가게의 다양한 활동과 캠페인이 지속가능하다. 지속가능하지 않은 운영을 하면서 캠페인 활동만 진행한다면 결국 원동력을 잃을 수밖에 없다. 우리 역시 원동력을 잃지 않기 위한 방법을 찾아야 했는데, 소비를 통한 선순환 방식이 떠올랐다. 소비자는 현명한 소비를 하고 그 소비가 각 지역의 제로웨이스트 가게의 운영비로 사용될 수 있다면 그보다 더 좋은 생태계는 없을 거 같았다. 작은 가게라도 제품의 다양성을 갖추고 마진율을 높인다면 운영에 도움이 될 수 있고, 그렇게 모인 납품 수익 일부를 우리가 정말 필요한 캠페인에 환원하는 방식이 서로에게 상생이 되는 구조가 될 수 있을 것. 그리하여 탄생한 것이 알맹 B2B이다. 우리에게는 눈에 보이는 물품 후원이 아닌 캠페인의 판을 키울 수 있는 실질적인 자금 후원이 필요했지만 그렇게 해주는 기업은 찾기 힘들었다. 우리 밥그릇은 우리가 챙겨야 하는 법. 누가 떠 먹여줄 때까지 마냥 기다리는 것이 아니라 살 길을 찾아야 한다. 그 살 길을 알맹 B2B에서 찾아낸 것이다. (알맹상점 도매몰에서는 제품에 따라 주문 가능한 최소 수량을 5~14개로 해서 공급하고 있다. 알맹 B2B 이후로 공급 개수가 낮아진 다른 B2B 업체가 더러 있다.)

알맹 B2B는 2021년 2월쯤 만들었는데, 그동안은 B2B 운영 수익이 마이너스였다. 실수도 많았고 마진율 계산을 잘못해서 수익이 세금으로 다 나가는 어처구니없는 상황도 여러 번 겪었다. 정말 우리는 사업 체질이 아닌가보다, 허허… 그런 실수를 몇 개월 동안 골고루 거치면서 알맹 B2B도 자리를 잡았고(사실은 언제 다시 마이너스가 될지 모르지만) 이제 캠페인을 위해 돈을 쓸 수 있는 시기가 되었다는 판단이 들어 우리는 큰 마음을 먹고 멸.종.위기 캠페인 때 일을 저질렀다. 가게당 알맹상점에서 제작한 제로 고체 치약 9정을 30개씩 택배비까지 다 지원하기로!! 실제 비용으로 따지면 78,000원×약 140군데라서 약 10,920,000원이 필요하다는 계산이 금방 나왔다. 사실 B2B 순수익은 천만 원 근처도 못 갔지만 "못 먹어도 고! 또다시 열심히 돈 벌면 되지!"라고 쿨한 척도 해보았다. 그 뒤 한동안 힘들었다는 건 안 비밀로… 앞으로 쿨한 척은 절대 하지 말아야겠다.

고체 치약 리워드 덕분인지 멸균팩 모으기 반응이 생각보다 좋았다. 자발적으로 수거처 신청이 늘어났고 모이는 멸균팩의 양도 점점 늘어났다. '아, 이제 우리 할 일을 다 한 것인가? 열심히 모아서 열심히 보내고 있으니 재활용은 잘 될 거야!!' 생각하고 싶었지만 이건 "왕자와 공주가 행복하게 살았습니다." 하고 끝나는 동화 속 해피엔딩과는 달랐다.

멸.종.위기 캠페인을 하며 모은 일반팩과 멸균팩은 재활용 가능한 루트가 굉장히 다양하고 복잡했다. 각 지자체(구청)의 종이팩 사업의 방향에 따라 주민자치센터의 방향이 달랐는데 리워드를 주는 곳이 있고 안 주는 곳이 있는 차이는 애교에 불과했다. 가장 중요한 것은 일반팩과 멸균팩의 선별장 재활용 유무를 알아보는 것이었다. 일반팩과 멸균팩의 수거 방법도 다르고 실제로 재활용을 하는지 안 하는지도 지자체 상황에 따라 달랐다. 시민들이 깨끗하게 씻고 말려서 펼친 뒤 차곡차곡 모은 귀하고 귀한 자원을 아무리 열심히 가져다줘도 재활용 선별장에서 싸그리 버려질 수도 있다. 결국 종이팩을 잘 모은다고 될 일이 아니라 진정한 종이팩 재활용을 위한 제도 개선이 시급했다.

소비자는 보통 종이팩은 재생 가능한, 나무로 만들어진 소재라 재활용이 잘 된다는 인식을 가지고 있다. 실제 2021년 9월 전국 제로웨이스트 연대모임 '도모도모'와 서울환경연합이 전국 1,001명을 대상으로 금속캔, 페트병, 플라스틱, 종이팩, 유리병, 발포합성수지(스티로폼 류) 중 재활용이 제일 잘될 거 같은 자원을 설문조사한 결과 1위 78.1% 금속캔, 2위 76.6% 종이팩이었다. 또한 종이팩 전용 분리배출함이 있다면 따로 종이팩을 분리배출하겠다는 시민들의 답변은 85.1%로 매우 높은 것으로 확인이 되었지만 한국순환자원유통센터 자료에 따르면 2020년 종이팩 재활용률은 겨우 15.8%에 그쳤다. 종이팩은 시민들이 생각하는 만큼 재활용되지 않고 버려지고 있다.

시민들의 인식과 제도의 차이는 왜 생긴 것일까? 여러 가지 이유가 있겠지만 우선 '종이와 종이팩이 다르다'라는 올바른 재활용 정보가 부족했다. 그리고 우리집 앞에 종이팩 전용 분리배출함이 있다는 응답이 26.3%에 그칠 정도로 전용 배출함이 드물다는 점, 지자체마다 다르게 운영되고 있는 종이팩 재활용 선별장 제도의 문제가 컸다. 결국 종이팩 전용 분리배출함이 없어 종이류와 함께 배출하거나(이럴 경우 종이류, 종이팩 둘 다 재활용이 안 됨) 이고 지고 힘들게 주변을 서성이며, 다른 곳으로 가져가야 했다. 종이팩의 특급 대우는 누굴 위한 걸까?

캠페인 실무진들은 거미줄처럼 꼬여 있는 종이팩 재활용 제도 개선의 방향성을 잡는 데 꽤 오랜 시간이 걸렸다. 실무진조차 종이팩의 상황을 제대로 파악하는 데 어려움이 있었지만 광주 카페 라떼클럽 왕꽃님과 쓰레기 박사 홍수열 선생님의 큰 도움을 받았다. 왕꽃님은 2019년부터 종이팩 자원순환을 위해 광주광역시를 기반으로 열심히 활동한 활동가이다. 전문가처럼 종이팩 관련 내용을 다 꿰뚫고 있었고, 흔쾌히 도모도모 모임의 캠페인에 손을 내밀어주신 덕분에 종이팩 캠페인의 방향성을 잡는 데 큰 도움이 되었다. 깊은 산골짜기에서 길을 헤매고 있을 때 나타난 산신령 같은 존재, 우리에게 귀인 중 귀인이었다. 힘들게 만든 자료를 누군가와 공유하는 일은 쉽지 않았을 텐데, 모두를 위한 일이라 판단한 왕꽃님이 먼저 손을 내밀어주셨다. 정말 캠페인은 하면 할수록 감동이고 배움의 연속이며 사람을 사람답게 만들어주는 연대의 힘은 마법 같다. 이렇게 든든한 지원군과 함께 거미줄처럼 꼬인 종이팩 제도를 하나하나 풀기 시작했고 정부, 소비자, 기업 모두를 상대로 종이팩 순환을 위한 목표를 세우기 시작했다.

첫 번째 소비자 목표는 버리는 순간까지 소비자로서 책임을 다하는 것이다. 종이팩을 씻어서 말리고 펼쳐서 분리배출하는 것은 소비자의 책임이다. 한발 나아간다면 종이팩 재활용을 위한 제도 개선에 관심을 가지고 관련 활동에 참여를 통해 제도와 기업의 개선을 위해 목소리를 높일 수도 있다. 제도와 기업은 한 명한 명의 소비자의 목소리에는 귀 기울이지 않지만 다수의 목소리에는 귀를 기울일 수밖에 없다. 소비자가 지갑을 열지 않으면 기업은 더 이상 해당 제품을 만들 이유가 없기 때문이다. 결국 가치소비 방향성의 주권은 기업이 아니라 개개인 소비자에게 있다는 의미이다.

기업에게는 종이팩 별도 분리배출과 재활용 방법을 제품 라벨에 인쇄하는 것과 종이팩 재활용을 높이기 위해 시민 홍보와 종이팩 회수방안을 마련할 것을 촉구했다. 기업은 제품 판매로 수익을 얻고 있는 곳이므로 제품을 생산부터 폐기 후 재활용까지 책임을 지고 관리해야 하는 의무가 있지만 현재 종이팩은 점점 재활용률이 떨어지고 있다. 종이팩은 생산자재활용책임제도가 적용되는 재활용품인데 한국순환자원유통지원센터에 따르면 금속, 유리, 플라스틱, 스티로폼 중 종이팩 재활용률이 가장 낮다. 2013년 35%를 기점으로 2018년 22%, 2021년 15.8%를 기록하며 계속 떨어지고 있는 게 종이팩 재활용의 현실이다.

마지막으로 환경부와 지자체의 변화를 요구한다. 환경부는 생산자책임재활용제도를 개선하여 종이팩 수거업체와 재활용 선별장의 열악한 환경을 개선할 수 있도록 지원금을 대폭 늘려야 하고, 일반팩과 멸균팩의 재활용이 가능하도록 선별장의 종이팩 분리수거를 의무화해야 한다. 그리고 재활용 선별장에 종이팩 재활용 의무화 지침을 만들고 선별장을 관리감독하는 것이다. 지자체(구청)는 공동주택에 종이팩 전용 수거함을 설치하고 재활용 선별장에서 종이팩을 의무 선별하는 것에 목소리를 내기로 방향을 잡았다.

종이팩 재활용 상황 개선에 있어 시민, 기업, 정부 모두가 중요하지만 가장 핵심으로 생각한 것은 정부의 역할이었다. 그 이유는 시범운영을 통해 시작된 폐페트병 재활용을 살펴보면 알 수 있다. 2020년 2월부터 '무색 폐페트병 별도 분리배출 시범사업'이 야심하게 시작되었지만 애써 배출한 페트병이 일부 선별 과정에서 누락되고, 오염된 플라스틱 재활용과 뒤섞여 재활용이 잘되지 않는 현실이 언론을 통해 알려지면서 많은 시민의 분노를 샀다. 열심히 라벨을 떼고 투명 폐페트병을 모은 시민들은 헛수고를 한 것이다.

그런데 데자뷰처럼 환경부는 2022년 1월부터 '종이팩 분리배출 시범사업'을 통해 일반팩과 멸균팩을 분리배출할 예정이라고 발표했다. 경기 남양주시, 부천시, 화성시와 세종시 내 66개 공동주택 단지의 약 6만4천 가구에서 우선 시행되고 이르면 2022년 하반기부터 전국 공동주택을 대상으로 확대될 예정이다. 조금 늦었지만 환경부의 종이팩 정책 변화를 환영하면서도 앞서 말한 폐페트병 사업 같은 실수는 다시 일어나면 안 될 일이었다. 환경부가 지자체의 종이팩 선별 유무에 대한 정확한 데이터를 가지고 있을지 걱정이 되었지만 종이팩 분리배출 시범사업 자체를 부정하기보다 우리의 목소리를 보태 제도에 날개를 달아주면 좋지 않을까? 그리하여 도모도모 모임과 함께 전국 229곳 지자체 조사 계획을 세웠다.

도모도모 모임에서 전국 지자체에 전화를 할 지원자를 모집하자 총 36명이 모였다. 지자체에 전화하기 전에 오리엔테이션도 한 후 각자 맡은 지자체 한 군데, 한 군데 전화를 돌렸다. 전화 통화가 한 번에 되는 경우도 있었고 여러 번 전화를 해야 연결이 되거나 답변을 들을 수 있는 곳이 있었다. 어떠한 곳은 매우 협조적이었고 어떤 곳은 매우 비협조적이었다. 심지어 종이팩 재활용에 대한 부분을 잘 모르는 곳도 있었다. 직접 전화한 도모도모 모임의 대표님들은 종이팩 재활용 현실의 심각성을, 때로는 가능성을 스스로 깨달은 분들이시다. 자발적인 깨달음이 행동을 지속할 힘이 되기에, 이렇게 직접 더 많은 캠페인에 참여할수록 진정성을 체감하고 함께 성장하는 발판이 되는 것 같다.

안타깝게도 결과는 우리의 예상대로였다. 조사 결과 약 1/4의 주민센터에서 종이팩을 수거하지 않았는데, 이는 종이팩 재활용을 위해 노력하는 시민들이 가까운 곳의 수거처를 찾을 수 없음을 의미한다. 또한 지자체에서 종이팩을 따로 수거해 재활용하는 체계를 갖추지 않은 곳은 무려 156곳(68%)에 이르렀다!! 이대로 종이팩 시범사업이 시작되었다면 시민들이 열심히 모은 종이팩은 재활용 선별장 체계에서 누락될 수밖에 없는 게 현실이었다. 제도 개선이 시급한 상황임을 인지하자마자 만 명을 목표로 서명운동을 시작함과 동시에 결과를 토대로 '메리 종이팩 트리' 기자회견을 준비하게 되었다.

지자체 전화 조사는 도모도모 모임의 제로웨이스트 가게 대표님들이 참여했다면 '메리 종이팩 크리스마스'는 멸.종.위기 캠페인에 동참하는 모든 가게와 시민들이 함께했다. 2주라는 짧은 시간 동안 전국에서 3천 개가 넘는 종이팩 트리가 모였다. 2021년 12월 21일, 서울시청 광장 앞에서 3천여 개의 종이팩 트리와 만장이 넘는 서명을 앞세워 함께 목소리를 높였다. 플라스틱 어택에 비해 주목도는 떨어졌지만 여러 제로웨이스트 가게에서 합심해 함께 일궈낸 성과라 그 어떤 캠페인보다 가슴이 벅차올랐다.

아직도 종이팩 서명과 캠페인은 진행 중이다. 복잡한 종이팩 재활용 체계를 알리기 위해 카페라떼클럽에서 재단법인 숲과나눔의 지원을 받아 "종이팩은 종이가 아니다" 교육 일러스트를 만들었다. 나와 왕꽃님이 줌미팅과 통화를 계속하며 1차 교육안을 만들었고, 이 교육안으로 일러스트 PDF 파일을 완성하게 되었다. 이 교육안은 캠페인 홈페이지에서 언제든 무료로 다운받을 수 있고, 종이팩의 올바른 재활용을 위한 초석 같은 역할을 할 것이라 기대한다.

학교에서 우유를 급식으로 많이 먹다 보니 학교는 자연스럽게 종이팩과 연결되는 곳이다. 우리가 살아나갈 지구의 환경을 지키는 데 있어 환경 감수성은 이제 필수조건이 된 만큼 학생들에게 환경교육은 중요하다. 현재 만들어진 교육안을 토대로 현직 교사인 이진수 선생님과 지태민 선생님, 왕꽃님, 내가 종이팩 퀴즈 교안과 활동지 교안을 만들었다. 알맹 B2B 수익금의 일부로 지원금 없이 완성했다. 도모도모 모임 대표님들 덕분이다. 4월 중 최종 교육안이 나왔고, 4월 22일 지구의 날에 공개, 무료 배포되었다. 멸.종.위기 홈페이지에서 무료 다운로드가 가능하다.

멸.종.위기 캠페인은 이 책이 출간된 이후도 진행될 예정이다. 가까운 계획으로는 종이팩 재활용 인식개선과 시민에게 조금 더 쉽게 다가가기 위해 유튜브 생중계를 통한 '무엇이든 물어보세요' 콘셉트로 종이팩 수다회를 기획할 예정이고 만 명의 서명을 달성하기 위해 끊임없이 노력할 예정이다. (2022년 3월 19일 기준 4,252명 서명)

이 책을 읽는 여러분, 핸드폰의 카메라를 켜고 아래 큐알코드에 갖다대자. 종이팩 서명을 하는 순간 여러분도 환경 실천가로 변모할 수 있다.

멸.종.위기 캠페인의 모든 것 홈페이지

쓰레기, 플라스틱 문제
: 시민참여형 해결이 정답

제로웨이스트 가게를 운영하고 쓰레기를 줄이자 목소리를 높이며 캠페인을 진행하고 있지만 나 역시 매일 쓰레기를 버리고 있다. 그 양을 줄이기 위해 애쓰지만, 쓰레기를 전혀 안 버리고 살 수 있을까? 태초의 인간처럼 옷을 거의 헐벗고 산속에서 채집 가능한 한정된 제철 재료를 먹으며 자연과 최대한 가까이 산다면 가능할지 모르겠다. 지금은 작은 물건을 구입해도 포장이 따라온다. 이제 쓰레기는 사람들의 삶 속에 깊숙이 파고들었다.

대형 마트가 없었던 어린 시절, 시장에서 무포장된 과일, 야채를 구입하는 모습을 보고 자란 터라 스티로폼과 비닐에 포장된 과일, 야채는 뭔가 덜 신선해 보였고 실제로 그런 제품을 발견하기도 한다. 역시 날것이 최고라 생각했지만 점점 무포장 제품들은 설 자리를 잃었다. 대부분의 신선 제품은 개별 포장을 하기 시작했고, 이제는 개별 포장된 제품이 더 신선하고 위생적으로 보

224

이기까지 한다. 시장보다는 대형마트와 편의점이 익숙한 우리 아이들은 어떨까? 개별 포장이 위생적이라 인식되는 환경이 정말 다음 세대를 위한 일일까? 당장의 편리함은 다음 세대의 깨끗한 지구의 시간을 빼앗는 것과 마찬가지고 그 속도는 점점 더 빨라져 당장 지금 우리를 위협하고 있다. 인간이 주변 환경을 만들어 가는 것이 아니라 주변 환경이 인간을 지배하는 요즘이다.

인간을 위협하는 것은 쓰레기만의 문제는 아니다. 여러 가지 환경오염과 다양한 문제가 함께 존재한다. 쓰레기는 그 문제들 중 하나이지만 간과해서는 안될 일이다. 구입하자마자 알맹이만 취하고 버려지는 일회성 쓰레기에 대해 그동안 우리는 너무 무감각했다. 이제는 감각을 일깨울 때가 되었다. 일부 전문가는 이미 늦었다고 말하지만, 늦었을 때가 가장 빠르다는 말은 괜히 있는 말이 아니다. 지금이라도 노력한다면 불필요한 쓰레기를 생각보다 많이 줄일 수 있다.

쓰레기와 플라스틱을 줄이기 위해서는 처음부터 쓰레기가 될 만한 것들을 줄이는 것이 우선이다. 알맹상점에서 취급하는 물건은 대부분이 개별 포장 없이 납품되고 있어 애초부터 껍데기 쓰레기를 만들지 않고 있다. 또 다른 방법은 필요 없는 물건은 거절하거나 구입하지 않고 되도록이면 재사용하는 방법이다. 기업이 어쩔 수 없이 발생한 쓰레기를 재활용할 수 있도록 처음부터 재활용 가능한 단일 재질 제품 또는 재사용 가능한 제품을 생산한다면 많은 자원을 아끼는 동시에 쓰레기의 양을 엄청나게 감소시킬 수 있을 것이다. 이렇게 되기 위해선 사회 전반적인 인식전환과 노력이 필요하다. 무포장도 괜찮다는 시민 의식이 필요하고 단일재질 또는 재사용 가능한 제품을 만들기 위해 정부 제도와 기업의 자발적인 ESG 경영이 필요하다. 이런 움직임이 한 곳의 노력만으로 가능할까? 그러기엔 세상의 유혹을 뿌리치기 힘들다. 손가락 하나만 까딱해도 맛집의 음식부터 다양한 물건이 내 집 앞까지 배달된다. 쓰레기를 버릴 때는 한숨이 나오지만 집 앞에 배출하면 다음 날이면 싹 없어진다. 쓰레기에 대한 죄책감은 잠시일 뿐이다. 기업은 원가를 낮추기 위해 더 저렴한 원자재와 저임금 노동을 찾게 되고 더 많은 판매를 위해 마케팅을 쏟아부으며, 막대한 수익을 얻고 있다.

나 혼자 잘 먹고 잘 살면 그만인가? 그렇지 않다. 우리는 결코 혼자서 살아갈 수 없는 사회적 연대의 동물이기 때문이다. 편리함만 추구한 결과가 눈덩이처럼 커져서 다시 우리에게 돌아오고 있음을 인지하고 기업, 국가, 개인이 모두 함께 노력해야 한다.

한 번 쓰고 버리는 쓰레기도 자원이다. 원자재를 채굴하는 과정부터 생각한다면 무차별하게 파괴되는 자연까지 보호할 수 있다. 인간과 야생동물은 보이지 않는 경계선을 그동안 잘 지켰지만 70억 넘는 인구의 욕망을 채우기 위해서 그 경계선을 넘기 시작했고 그 대가로 모두가 많은 어려움을 겪고 있다. 우리가 사용하는 모든 물건의 자원은 단 하나뿐인 지구 안에서 채굴하고 만들고 사용하고 버려지고 있음을 명심하자. 우주나 다른 행성에서 구할 수 없다. 이대로 썼다간 남아날 게 없을지도 모른다.

환경문제 앞에서 우리는 한없이 작아진다. 개인의 작은 문제부터 제도와 기업의 거대한 문제까지. 모든 환경문제를 해결하기 위해서 마음 편히 먹지도 사지도 못할 것만 같다. 우리가 무엇부터 하면 좋을까? 남극의 얼음이 녹아 북극곰이 멸종되는 일은 너무 안타까운 일이지만 그 북극곰을 데려와서 키울 수 없고, 원자력이 문제라고 해서 당장 전기를 끊을 수도 없다.

지금 당장은 티가 안 날지언정 나의 주변에서 할 수 있는 만큼 노력하고 변화시킬 수 있는 일을 선택해보면 어떨까? 구세대는 늘 새로운 세대에게 공동체 의식이 없다고 말하지만 지금처럼 인간이 삶을 들여다보고 서로 밀접한 관계를 이룬 적도 없는 듯하다. 누군가에게 영향을 미치기 더없이 좋은 시대에 살고 있기에, 조금 일찍 깨달아 시작한 개인의 '용기 내' 실천 씨앗이 또 다른 씨앗을 뿌리게 되고 그 씨앗이 모여 숲을 이룰 수 있는 것 같다. 이렇게 공동체 의식에서 비롯된 시민참여형 해결 방법은 나의 문제에서 출발하여 함께 해결하고자 하는 의지가 되고 우리의 터전을 느리지만 더 나은 곳으로 만드는 힘을 가지고 있다.

알맹 모임의 동네 작은 캠페인부터 브리타 어택, 화장품 포장재 어택, 멸.종.위기 캠페인까지. 출발부터 마무리까지 모두 자발적인 시민들의 참여로 똘똘 뭉친 캠페인들이다. 캠페인 실무진인 개인에게도 그 의미가 크게 다르지 않다. 캠페이너들도 한 사람, 한 사람의 시민이며, 캠페인에 관심을 가지고 참여한 개인 역시 한 사람, 한 사람의 시민이다. 우리에게 각자의 위치가 있지만 시민으로서의 해야 할 역할, 함께 목소리를 내는 작은 연대의 소중함을 깨닫고 있기에 자발적인 캠페인이 유지되는 게 아닐까? 이런 소중한 마음 덕분에 변화할 수 없을 것 같았던 기업과 정부의 제도를 변화시키고 있고, 그 중심에는 바로 시민이 있다.

또 다른 어택과 캠페인은 앞으로 계속될 예정이다. 쓰레기를 줄이고 자원을 아낄 수 있는 곳에서는 항상 시민의 목소리를 기다리고 모을 예정이다. 개개인의 관심과 참여가 없었으면 어느 하나도 변화의 물결을 만들지 못했을 것이다. 개인의 목소리는 기업의 방향을 변화시키고 국가의 제도를 올바르게 변화시키는 무한한 힘이 있다. 우리가 같이 내는 목소리의 힘을 믿어보자! 세상을 조금 더 살기 좋은 곳으로 변화시킬 수 있는 가능성을 말이다.

가게 한 편에 쓰레기가 될 뻔한 자원이 모이게끔 자리를 내어준 전국 사장님들

좋은 세상을 위해 대가 없이 목소리 높이는 환경단체들
시간 내어 자원을 모아서 가지고 온 시민분들
캠페인 SNS를 보고 서명하기, 좋아요 클릭해주신 소비자들
심각성을 인지하고 함께 노력해주신 정부 관계자 및 협회들
재질 단일화와 자원 재사용을 함께 고민하는 기업 관계자들
무엇보다 알맹상점을 아껴주는 알맹러님들
모두 모두 소중한 존재.
고맙습니다.

 낮에는 알맹상점 사장, 밤에는 캠페이너로 활동하며 세상에 없는 모델인 영리와 비영리의 교집합을 만들어갔다. 계산기 두드리는 사장의 역할을 할 때, 캠페인이 급 떠올라 양심의 가책을 느낀 적도 있지만 우리는 스스로 홀로서기를 하고 싶었다.

 기업은 돈을 벌어 좋은 일을 하면 박수를 받지만 비영리단체 같은 곳이 돈을 번다고 하면 손가락질을 받는다. (참고로 알맹상점은 일반 사업자인데 다들 비영리단체 또는 사회적기업으로 바라본다.) 좋은 일을 하면서 돈을 벌면 왜 안 되는 것일까? 이런 모델이 없어서 사람들은 의아하게 보는 것 같다. 좋은 일을 하며 돈을 버는 곳이 더 좋은 일을 많이 할 수 있다는 가능성을 보여주고 싶었다. 그 가능성

을 알맹상점에서 하나씩 실현하고 있다. 아직 갈 길은 멀고 하나씩 실현하는 일이 언제까지 가능할지 모르겠지만 지금이 마지막인 것처럼 매일 최선을 다하고 있다.

올바른 캠페인을 하기 위해선 기업과 제도의 문제에 대한 객관적인 시선이 필요하기에, 홀로서기를 위한 경제적 자립의 필요성은 캠페인을 진행할수록 더 선명해졌다. 캠페인 운영비가 쪼달릴 때는 후원이나 지원금이 간절했다. 하지만 세 번째 캠페인을 진행하면서 확실히 깨달았다. 캠페인에는 특정 색이 중요한 것이 아니라 누구나 공감하는 진정성과 어떤 바람에도 흔들리지 않는 굳은 심지가 필요하다는 것을. 그러기 위해선 우리의 자립은 필수였다. 운영진 세 명은 앞으로 알맹상점의 수익 일부를 자원순환 캠페인에 사용하기로 했다. 2021년 하반기부터 알맹상점 수익이 좋든 나쁘든 우리의 힘으로 캠페인을 책임지기 위해 최선을 다하고 있다. 이 약속을 언제까지 지킬 수 있을지는 모르겠다. 하지만 알맹상점이 문 닫는 그날까지는 약속을 지키기 위해 열심히 낮에는 계산기를 두드리고 밤에는 캠페인 회의를 하는 이중생활은 계속할 것이다. 이 이중생활을 그만두고 싶지 않다.

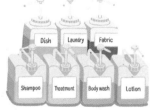

4

이제는 가성비 소비가 아니라
가치 소비

다 같이

알맹상점의 제품 고르는 기준
(가치를 담을 수 있는 물건)

1. 유통 중 쓰레기가 제로이길 : 제품의 생산지부터 소비 까지 유통 단계의 쓰레기가 최대한 나오지 않게 노력한 제품. 상품을 사용하는 데 불편이 없지만 작은 흠이나 상처로 버려지는 물건을 저렴하게 판매하는 B급 제품 포함.

2. 다시 쓰고 다시 쓰여지길 : 소재를 재활용하거나 사용 후 제품을 재사용하는 등 제품의 수명을 연장한 제품.

3. 지구가 덜 아픈 소재이길 : 제품이 만들어지고 버려질 때 자원을 덜 사용하고 빠르게 분해되는 등 환경에 미치는 영향을 줄이고자 노력한 제품.

4. 탄소가 배출되지 않길 : 생산과 이동, 폐기 과정에서 탄소 배출을 줄이려고 노력한 제품.

5. 만드는 사람도 존중받길 : 만드는 사람을 존중하거나 사회적 가치를 추구하는 제품.

6. 동물성 말고 동물만 사랑받길 : 동물성 성분을 사용하지 않거나 동물실험을 하지 않거나 동물 복지 환경에서 제작된 비건 지향 제품.

왓츠 인 마이 백
: 내 가방 속의 제로웨이스트

1. 폐간판으로 만든 업사이클 가방 : 폐간판이나 폐현수막, 폐가죽, 폐플라스틱 등 버려지는 소재를 이용하여 만드는 제품이 많이 나오고 있다.

2. 베지터블 지갑 : 옥수수 가죽으로 만들어진 일명 비건 지갑. 비닐 코팅이 되어 있지 않아 사용할수록 부드러워지고, 사이즈는 카드와 명함을 넣고 다니기 딱 좋다. 자주 사용하는 USB와 만일을 대비한 현금도 넣어둔다.

3. 와입스(다회용 손수건) : 빨아서 재사용하는 손바닥 크기의 작은 손수건을 들고 다닌다. 밥 먹다가 입을 닦을 때에도, 콧물을 흘릴 때에도, 음식을 흘렸을 때에도 사용한다.

4. 텀블러 : 내게는 늘 들고 다니는 '애착 텀블러'가 있다. 텀블러를 사용하면 쓰레기를 줄일 수도 있지만 음료의 시원함과 따뜻함이 오래 간다. 돈 안

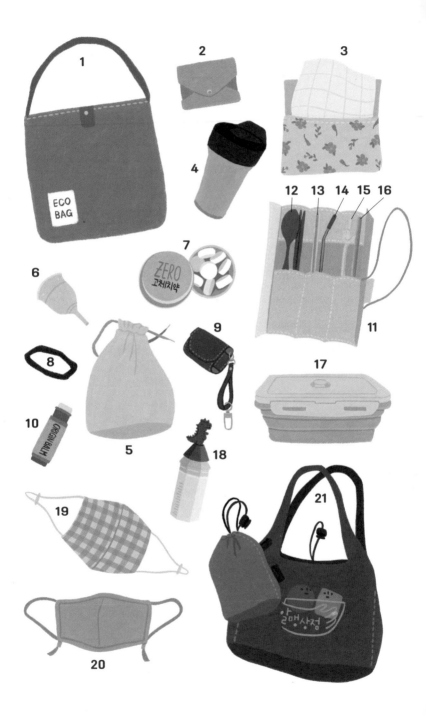

들이고 정수기 물을 마실 수 있고 카페에서 텀블러 할인도 받을 수 있다.

5. 운동화 끈을 활용한 반달주머니(파우치) : 알맹상점에서 기부 받은 운동화 끈을 활용하여 만든 유기농 천 파우치. 겉에 박음질이 되어 있고 모서리가 둥그렇게 처리돼 먼지나 때가 끼는 것을 줄인다.

6. 생리컵 : 면 생리대, 생리 팬티 등 다회용 생리대가 다양하지만 나는 생리컵을 주로 사용한다. 세척해서 계속 사용할 수 있는 제품으로 컵만 들고 다니면 끝! 여름철에는 물에도 신경 쓰지 않고 들어갈 수 있다. 일부 여성들은 다회용 생리대를 쓰고 생리통이 줄었다고 한다. 기저귀를 차는 듯한 기분을 떨쳐버리고 싶다면 완전 추천!!! 신세계를 경험하게 될 것이다.

7. 틴 케이스에 든 고체 치약 : 치약 튜브가 재활용이 안 되어 고체 치약이 나오기 시작했다. 가벼워서 가지고 다니거나 여행용으로 좋다. 칫솔이 없을 때는 몇 번 씹어 헹궈서 가글 대용으로 사용할 수 있다.

8. 생분해 머리끈 : 알맹상점의 잇템, 100% 면과 천연고무로 만든 머리끈이다. (그럼 여태 내가 쓴 고무줄은 무엇?)

9. 에어팟 케이스 : 버려지는 자투리 가죽으로 만든 제품이다. 에어팟 본체에 씌워 사용한다.

10. 종이케이스에 든 비건 올인원 밤 : 식물성 원료로 핸드크림, 입술, 얼굴, 손톱이 건조할 때 사용할 수 있다.

11. 돌돌말이 수저집 : 네팔 여성의 일자리를 지원하는 공정무역 제품이다. 합성섬유가 아닌 면을 전통방식으로 직조했다.

12. 옻칠 수저 젓가락 : 코로나로 인해 더 위생에 신경이 쓰인다면 나만의 도구를 가지고 다니는 것이 더 위생적이다! 일회용품 사용을 거절하고 싶지만 안 들고 다니면 거절할 수 없는 세상. 직접 들고 다니면 쓰레기를 줄일 수 있다.

● **다회용 빨대 :** 세척해서 사용이 가능한 빨대를 들고 다니며 사용한다. 하지만 구강이 튼튼하다면 과감히 벗어나길 바란다. 이젠 아이스 음료를 시킬 때 꼭 빨대를 빼달라고 습관적으로 이야기한다. 에이드 등 저어야 할 경우 비치된 다회용 숟가락이나 머들러가 없는지 확인하고, 없다면 내가 가지고 온 다회용 빨대를 이용한다.

13. 유리 빨대 : 예쁘고 안이 보여서 위생적으로 관리할 수 있다. 이중유리로 되어 있지만 충격에 깨질 수 있어서 조심히 사용해야 한다.

14. 스텐 빨대 : 열탕 소독과 식기세척기 사용이 가능해서 위생적으로 관

리할 수 있다. 내부가 안 보여서 물때와 같은 얼룩을 확인할 수 없다. 재질이 몹시 단단하기 때문에 빨대를 씹는 습관을 가진 사람이나 아이들은 피하는 게 좋다. 빨대를 씹는 사람을 위해 구강 피스처럼 끼워서 사용 가능한 빨대용 피스도 구매 가능하다.

15. 실리콘 빨대 : 열탕 소독이 가능하며 가볍다. 약간 물렁한 느낌이라 사람에 따라 호불호가 갈릴 수 있다.

16. 대나무 빨대 : 천연소재이며 가볍고 예쁘다. 스텐 빨대나 유리 빨대에 비해 내구성이 약해 갈라지거나 곰팡이가 필 수 있다.

17. 접이식 실리콘 그릇 : 납작하게 접혀서 가지고 다니기 쉽다. 길거리 음식이나 빵을 사먹을 때 용기로 사용한다. 그리고 음식점에서 남은 음식을 담아오기도 한다.

18. 실리콘 물약병 : 핸드크림 등의 화장품을 담을 수 있다. 열탕 소독이 가능해서 위생적으로 화장품을 소분할 수 있다. (단, 밀폐력은 떨어져서 가볍고 빨리 사용하는 제품을 담기에 적합하다.)

• **다회용 면 마스크** : 여분으로 가지고 다닌다. 플라스틱 일회용 마스크가 아닌 빨아서 사용이 가능한 마스크를 이용한다. 마스크 안에도 필터를 장

착할 수 있다. 마스크 종류도 다양하다.

19. 유기농 천 마스크

20. 항균기능이 있는 삼베 마스크

21. 장바구니 : 가볍고 작게 접히는 장바구니로 페트병 재활용 원단으로 만든 제품이다. 2022년부터 제과점, 편의점 등에서도 비닐봉투를 사용할 수 없다. 이제 장바구니는 가방 속 필수 아이템!

우리집 홈카페

1. **'용기 내' 담아온 차와 커피** : 차는 비싸서 과대포장이 흔하다. 알맹상 점에서는 다양한 차, 공정무역보다 높은 가격을 제시하고 직영 농장이 있는 업체의 원두, 강원도 참숯으로 로스팅한 프리미엄 원두 등을 알맹이만 무게에 따라 구입할 수 있다. 조금씩 살 수 있어서 여러 종류를 즐길 수 있고, 포장된 제품에 비해 꽤 저렴하다.

2. **숯을 넣은 물 디스펜서** : 한국은 정수 시스템이 잘 되어 있다. 수돗물을 그냥 마셔도 될 정도로 깨끗하지만 찝찝하다면 항아리나 유리 디스펜서에 열탕 소독한 숯을 1~2일 정도 넣어뒀다가 물을 마시면 된다. 기호에 따라 로즈마리나 레몬을 넣으면 더 상큼한 물을 마실 수 있다.

3. **다회용 스텐 드리퍼** : 세척이 손쉽고 반영구적으로 사용 가능하다. 뜨거운 물로 내려 먹는 만큼 플라스틱 드리퍼 말고 스텐을 사용하기를 권장

한다. 커피의 오일리함을 좋아한다면 드리퍼 하나로 충분하다.

4. 다회용 티망 : 부직포 또는 플라스틱 소재로 된 티백을 뜨거운 물에 우려먹으면 미세플라스틱이 나온다. 차도 알맹이만 구입해 다회용 티망에 우려 마시자. 세척 시 주방세제는 최대한 사용하지 않는 것을 추천한다. 스텐 티망, 나무 티망, 실리콘 티망 등 다양한 다회용 티망을 판매하고 있으니 자신이 가장 사용하기 쉬운 제품을 골라 사용해보자.

5. 소창 커피필터 : 종이필터 대신 사용하는 빨아 쓰는 다회용 필터다. 소창은 약품처리 하지 않고 직접 정련한 소재다. 뜨거운 물이나 과탄산을 넣고 삶아서 원두 기름을 제거하고, 사용하지 않을 때는 젖은 상태로 냉장고에 넣어 보관한다. 커피 물이 들면 자연스러운 느낌 그대로 사용하면 된다.

6. 와인병으로 업사이클 한 유리컵 : 해외에서 수입된 와인병은 모양도 색도 제각각이라 재활용이 어려워서 대부분 폐기된다. 1년에 약 14만 톤이나 버려진다고 한다. 이렇게 버려지는 병으로 유리컵을 만든다.

7. 업사이클 혹은 천연소재 티코스터 : 커피 마대 자루, 코르크 마개를 재활용하거나 소창, 라탄 등의 천연 소재를 사용한 티코스터를 이용한다.

주방

1. 천연 수세미 : 플라스틱 수세미는 가라!! 천연수세미가 온다. 넝쿨에 주렁주렁 달리는 식물 수세미를 껍질이 물렁해질 때 따서 껍질을 벗겨서 말리면 우리가 아는 그릇 씻는 수세미가 된다. 이 수세미가 현재 모든 주방에서 세척할 때 사용하는 도구의 이름이 되었다. 동그란 수세미, 납작한 수세미, 꼬불꼬불한 수세미 등 내가 필요한 용도에 맞춰서 사용해보기를 추천한다.

2. 발사믹 소스와 오일 : 공정무역 발사믹 소스와 포도씨유, 올리브유 등을 리필할 수 있다.

3. 각종 향신료 : 가정에서 조금씩 사용하는 페퍼론치노, 후추, 스파이스 등을 리필할 수 있다. 유통기한 부담 없이 먹을 만큼만 다양한 종류를 구입할 수 있다.

4. 식기세척기용 고체 알약세제 : 식기세척기에 사용하는 알약형 세제를 한 알씩 살 수 있다. 안심할 수 있는 성분으로 만든 제품으로, 식기세척기용으로는 드문 제1종 주방세제다.

5. 가루세제 3총사 : 주방에서 많이 사용하는 베이킹소다, 세스퀴소다, 과탄산소다를 무게에 따라 구매할 수 있다. 베이킹소다는 텀블러 세척이나 용기에 밴 찌든 때를 뺄 때 사용한다. 세스퀴소다는 씽크대 물때, 가스레인지 주변을 청소할 때 요긴하게 쓰인다. 세스퀴소다는 베이킹소다보다 세정력과 물에 녹는 용해력이 훨씬 좋다. 과탄산소다는 행주 등을 삶을 때 사용할 수 있고, 주방 하수구 청소할 때 과탄산소다를 붓고 뜨거운 물을 천천히 부어주면 속이 시원해질 정도로 깨끗하게 청소가 된다.

6. 양말목 냄비받침 : 양말을 만들 때마다 나오는 폐기물인 양말목을 손으로 만든 업사이클 제품이다.

7. 실리콘 랩 : 물컵을 사용하다 보면 먼지가 들어가는데 이를 방지하기 위해서 실리콘 랩을 덮어서 사용하곤 한다. 큰 사이즈도 있어서 그릇이나 큰 볼을 덮어 냉장고 보관도 가능하다. 반으로 자른 수박을 덮어두기 좋다. 물로 세척하여 위생적으로 사용이 가능하다.

8. 밀랍 랩 : 유기농 천에 밀랍을 머금은 제품으로 세척해서 여러 차례 사

용이 가능하다. 뜨거운 것을 피하여 세척한다. 사용하다 보면 밀랍 주위에 틈이 생기는데, 리필용 밀랍을 프라이팬이나 다리미로 녹여서 다시 입혀 재사용할 수 있다. 밀랍이 아닌 비건제품으로 밀랍 느낌을 만든 비건 밀랍 랩도 나오고 있다.

9. 스텐고리집게 혹은 병뚜껑 재활용 S자 고리 : 행주나 수세미 등 필요한 물건을 걸어둘 수 있다. 작은 플라스틱인 병뚜껑을 모아 업사이클링한 S자 고리도 동일한 용도로 사용할 수 있다.

10. 다회용 행주 : 일회용 티슈나 물티슈 대신 빨아서 사용하는 수건을 이용해보면 쓰레기도 자원 사용도 줄일 수 있다. 쓰레기를 버리는 종량제 봉투도, 사용하는 휴지도 돈이다. 돈을 절약할 수도 있고, 물건과 함께 나이가 들어가는 느낌이 들어 기분도 좋다. 과탄산소다를 넣고 뜨거운 물에 담거나 삶아서 깨끗하게 관리한다. 거즈와 소창 등 다양한 재질이 있다.

11. 주방세제 : 주방 액체세제에는 친환경 인증을 받은 세제, 장애인 일자리를 만드는 사회적 기업 세제, 저렴한 일반 세제 등이 있다. 모두 과일과 채소, 젖병 세척이 가능한 1종 주방세제다. 고체 주방비누도 여러 종류를 갖췄다. 미국 유기농 인증, 원시림을 파괴하는 팜유가 들어가지 않은 비누, 비건 성분, 재생 기름으로 만든 주방 비누 등이 있다.

12. 핸드메이드 마실, 삼베실 수세미 : 미세플라스틱이 떨어져 나오는 아크릴 대신 천연소재인 마실과 삼베실로 짠 수세미다. 마실 수세미는 뻣뻣하지만 내구성이 강해 오래 쓰고 기름기 많은 설거지에 세제를 조금만 사용해도 된다. 삼베실 수세미는 항균력이 있고 냄새가 잘 배지 않으며 부드럽다. 알맹상점의 마실, 삼베실 수세미는 알짜 활동을 하는 정은님이 손으로 뜬 제품이다.

13. 나무 손잡이 설거지 세척솔 : 손으로 수세미를 잡고 사용하지 않고 싶다면? 손잡이가 긴 설거지 세척솔을 권장한다. 손으로 설거지 하는 것이 아니라 세척솔이 설거지 하는 기분이 든다. 곰팡이가 슬거나 갈라지면 헤드 부분만 교체해 다시 사용할 수 있다. 물이 고여 있거나 잘 안 마르면 나무 부분에 곰팡이가 슬 수 있다. 이 부분만 잘 관리하면 오래오래 사용 가능하다.

용설란이라는 선인장으로 만든 식물모 세척솔은 다소 뻣뻣하다. 철 수세미 대신 냄비나 흙 묻은 채소 세척에 사용한다. 좀 더 부드러운 말털 소재의 세척솔은 일반 수세미처럼 사용한다.

14. 천연 고무장갑 : 천연고무 라텍스 100% 제품을 무포장으로 판매한다. 천연소재라 자연으로 다시 돌아가니 덜 부담될 수 있다. (사용한 고무장갑은 일반 쓰레기로 버린다.)

욕실

1. **스텐 혀클리너** : 혀를 세척하는 분들께 추천한다. 플라스틱이 아닌 스텐 제품으로 열탕소독도 가능해 위생적으로 다회 사용이 가능하다.

2. **옥수수 섬유로 만든 치실** : 상점에서는 대나무 케이스에 자연에서 온 옥수수 섬유로 만든 치실을 리필하며 사용할 수 있다. 부드럽고 치아 사이가 가까운 사람도 거리낌 없이 사용이 가능하다. 일반 치실보다 잘 끊어질 수 있다.

3. **플라스틱 프리 올스텐 면도기** : 면도기 본체는 영구적으로 사용이 가능하고 칼날만 교체하여 사용하는 제품이다. 클래식한 '간지'가 난다.

4. **실리콘 면봉** : 일회용 면봉 대신 사용한다. 면봉의 면 부분이 실리콘으로 되어 있다. 귀이개로 사용 시 실리콘 부분이 분리가 될 수 있어서 권장

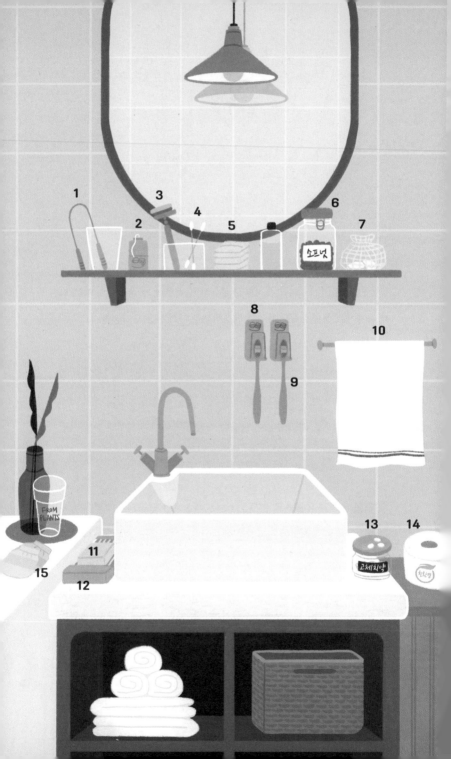

하지 않는다. 화장을 수정하거나 좁은 틈을 청소하는 용도로 사용한다.

5. 다회용 화장솜 : 화장솜의 일회용 솜은 목화에서 나오는데, 목화는 살충제와 물 사용량이 많고 손이 많이 가 살인꽃이라고도 불린다. 목화는 병충해에 약해 살충제를 많이 뿌리는데 이로 인해 매년 2만 명씩 죽는다고 한다. 빨아서 사용하는 화장솜이 사람을 살린다고 생각해보자. 토너로 얼굴을 닦는 '닦토'가 가능하다. 단 화장품을 오일로 세정하는 분들께는 권장하지 않는다.

6. 소프넛 : 거품이 나는 나무 열매다. 사포닌 성분을 가지고 있어서 천연거품이 난다. 세정, 세척이 필요한 모든 용도에 사용이 가능하다. 욕실에 두고 욕실 청소와 샤워, 거품 목욕 용도로 사용한다. 합성계면활성제가 없어 아이를 씻길 때 안심할 수 있다.

• 소프넛 사용 방법

① 촘촘한 비누망에 소프넛을 넣어서 망 채로 사용할 수 있다.

② 물에 우려서 물비누처럼 사용할 수 있다. 방부제가 없으므로 실온에 보관하며 짧게는 2~3일, 길게는 일주일 동안 사용이 가능하다. 냉장고에서는 조금 더 장기 보관이 가능하다.

7. 유기농 면 비누망 : 비누를 많이 사용하다 보면 다 쓰고 남은 자투리 비누들이 생긴다. 자투리 비누를 한번에 모아서 사용하는 용도로 쓴다. 비

누를 망에 넣고 거품을 내어 사용하거나 손잡이를 이용해서 걸어두고 비누를 말리는 용도로 사용한다. 합성섬유가 아닌 면 제품이라 거품은 덜 나지만 피부 자극이 적어서 몸에 대고 타월처럼 사용할 수 있다.

8. 스텐 칫솔 거치대 : 물에 녹슬지 않는 스텐 304 소재 제품이다. 칫솔은 물론 치약도 걸 수 있고 이사 갈 때 떼어가서 다시 사용할 수 있다.

9. 대나무 칫솔 : 플라스틱은 썩는 데 500년이 걸린다. 칫솔은 꼭 필요하고 주기적으로 교체해야 하는 제품으로 플라스틱 프리로 쉽게 시도할 수 있다. 칫솔 몸통이 친환경적인 대나무 소재라 습한 공간에서 곰팡이가 슬 수 있다. 그래서 칫솔을 바닥에 닿지 않게 걸어두는 것을 추천한다. 칫솔모는 나일론으로 생분해 재질이다. 어린이 칫솔은 kc인증을 받은 제품이고, 어른용도 동일한 소재다. (칫솔은 사용 후 일반 쓰레기로 배출한다.)
좋아하는 컵을 세면대에 가져다두자. 양치질할 때 물을 받아서 사용하는 것만으로도 많은 양의 물을 아낄 수 있다.

10. 이염이 있는 비급 수건 : 제품 사용하는 데는 문제가 없지만 천 제품들은 보관이나 유통과정 등에서 쉽게 오염된다. 이염이 발생한 수건 중 사용하는 데 문제가 없는 비급 상품을 받아 판매한다. 비급 상품이 나올 때만 판매 가능하다.

11. 올인원 비누, 샴푸바 : 올인원 비누, 샴푸바, 린스바, 바디바, 반려견 비누(발바닥용, 목욕용, 고양이 전용 비누 등) 등 다양한 비누들이 나와서 골라 쓰는 재미가 있다. 플라스틱 케이스가 필요 없는 고체 형태다. 예전에 비누로 머리 감던 시절에는 머리카락이 뻣뻣해져서 사용하기 어려웠는데 지금은 업그레이드되어 머리카락이 부드럽다.

12. 비누 받침 : 수세미 비누 받침, 스텐 비누 받침, 스텐 비누 걸이, 실리콘 비누 받침, 나무 비누 받침 등 다양한 종류가 있다. 수세미 비누 받침, 스텐 비누 걸이, 일회용 나무 젓가락 비누 받침을 추천한다. 수세미 비누 받침은 수세미를 압착해 만든 천연소재 제품이고, 스텐 비누 걸이는 물빠짐이 좋아 비누를 오래 사용할 수 있고, 나무 젓가락을 활용한 비누 받침은 재활용 아이디어가 빛난다.

13. 고체 치약 : 한 알을 꼭꼭 씹은 뒤 양치질하면 끝. 튜브 치약이 재활용이 안 되다 보니 리필이 편한 고체 치약이 나왔다. 알맹상점이 제작한 제로고체 치약은 동물성 원료 없는 비건 제품으로, 아이가 사용할 수 있는 저불소 제품도 있다. 습기에 약하므로 밀폐용기에 보관한다.

14. 나무를 베지 않은 휴지 : 일반팩을 재활용해서 만든 휴지, 사탕수수, 대나무, 갈대로 만든 휴지가 나와 있다. 알맹상점에서는 일반팩을 수거하므로 일반팩으로 만든 휴지를 판매한다. 다른 종류의 휴지들은 비닐 포장

없이 구할 수 없어 입고를 포기했다.

15. 샤워 타월 : 거품이 많은 합성소재 대신 미세플라스틱이 발생하지 않는 소재로 만든 제품을 판매한다. 삼베 타월, 삼베 혹은 풍기인견 때타월, 선인장 식물모와 돈모 바디 브러시, 천연 수세미 중 연한 부분을 압착한 목욕 수세미 등이 있다.

다용도실

1. 습기 제거용 염화칼슘 : 빈 용기에 습기 제거용 염화칼슘을 리필해 사용하면 플라스틱 용기가 발생하는 기존 제습제를 대체할 수 있다.

2. 양모볼 : 양의 털을 본드나 다른 물질 없이 압착해 만든 제품. 건조 시간을 줄여줘 전력량을 20% 정도 줄일 수 있다. 옷감과 같이 넣어 사용할 때 옷감을 두드려주어 구겨진 옷감을 펴는 역할도 한다. 아로마 오일을 한두 방울씩 떨어뜨려 사용하면 섬유유연제 부럽지 않다.

 • 양모볼 사용 방법

① 건조기 사용 시 설정 시간의 2분의 1 시간으로 설정한다.

② 아로마 오일을 양모볼에 한두 방울씩 떨어뜨려 준다.

③ 세탁물과 양모볼을 함께 넣어 건조기를 돌린다.

④ 건조가 끝나면 양모볼을 꺼내서 습해지지 않도록 햇볕에 말려준다.

(건조기 또는 세탁기에 건조 기능 설정이 가능한 경우에만 사용이 가능하다.)

3. 빨래세제, 섬유유연제 : 친환경 인증을 받거나 벌크 통을 회수해 재사용하는 액체 세제, 무향 세제를 리필할 수 있다. 폐식용유로 만든 고체 세탁비누, 세탁기에 넣거나 면 생리대를 빨 때 사용하는 고체 세탁세제도 한 알씩 판매한다.

4. 미세플라스틱 잡는 세탁망 : 합성섬유 소재의 옷감을 넣어 세탁할 때 사용한다. 세탁기에는 세척 시 걸러주는 장치가 있다. 하지만 미세하게 쪼개지는 플라스틱 섬유를 걸러내기는 어렵다. 폴리 소재의 옷감에서 수많은 플라스틱이 떨어져나가 하수구로 흘러 들어간다. 내가 사용하는 세탁물에 세탁망을 이용해보면 어떨까? 세탁물 간 마찰이 줄어 미세플라스틱 발생량도 줄어든다. 또한 미세플라스틱이 세탁망에 갇히므로 마른 세탁망 안의 먼지를 털어 종량제 봉투에 넣으면 바다로 가는 플라스틱을 줄이는 효과가 있다.

5. 반려동물 배변 패드 : 다회용으로 빨아 사용하는 패드이다. 일회용보다 흡수율이 높고 세척도 쉬운 반려동물 배변 패드를 사이즈별로 판매하고 있다.

6. 식물모 빗자루 : 다회용으로 사용하며 작은 공간의 먼지를 쓸 때 유용하다.

- **탄소를 절감할 수 있는 생활(세탁기 사용법)**
- 세탁할 옷은 최대한 가득 모았다가 한 번에 돌리기
- 온도를 30도 이하로 설정해두기(온도를 낮추는 것만으로도 전력 소비를 줄일 수 있다.)
- 헹굼을 2회 이하로 설정하기(물과 전기 소비를 줄일 수 있다.)

거실과 사무실

●**화분**: 새 플라스틱 화분을 대체할 수 있는 여러 제품이 있다. 인테리어 소품으로도 좋다.

1. 커피 화분: 커피 찌꺼기를 모아 만든 화분이다. 분갈이 시에 화분째로 옮겨 심어주면 그대로 퇴비화된다. 야외에 두거나 화분을 물에 담아두는 관수를 하면 화분이 커피로 녹아버리니 주의하자. 화학 응고제를 쓰지 않아 충격에 약하고 습기에 약해 곰팡이가 필 수 있다.

2. 코코넛 화분: 코코넛 껍질을 압착하여 만든 제품이다. 커피 화분처럼 분갈이 시에 화분째로 옮겨 심어주면 퇴비가 된다.

3. 폐플라스틱으로 만든 화분: 왜 화분을 새 플라스틱으로 만들어야 할까? 플라스틱 병뚜껑을 녹여 만든 작은 다육이 화분, 폐비닐로 만든 아이

쿱생협 화분, 수경재배로 실내 가습기 역할을 하는 폐플라스틱 화분을 만날 수 있다.

4. 인센스 스틱 : 인공 향료가 아닌 천연 향 국산 인센스 스틱을 낱개로 구매할 수 있다. 성냥도 한 개씩 리필할 수 있다. 인센스 홀더와 스틱 보관함은 버려지는 와인병을 재활용한 제품을 판매한다. 실내에서 향 제품을 쓸 때는 반드시 환기가 필요하다.

5. 비건 디퓨저 : 비건 성분으로 만든 디퓨저를 용기에 리필할 수 있다.

6. 달고나 자석고리 : 병뚜껑을 업사이클링한 제품. 냉장고 보관 식품 목록을 적은 종이나 사진 등을 자석으로 고정할 수 있다.

7. 필기구류 : 잉크만 리필해서 계속 사용이 가능한 매직과 잉크를 판매한다. 고가라 상점에서는 아직 팔고 있지 않지만, 잉크를 리필하는 만연필을 추천한다. 커피 찌꺼기를 모아 만든 커피 연필, 신문지로 만든 재생 연필도 있다. 대나무로 만든 연필깎이도 함께 판매한다. 샤프심 통을 모아 상점에 기부할 수 있다. 샤프심이 필요할 땐 샤프심 통을 가지고 오면 샤프심도 한 개씩 리필이 가능하다.

8. 재생종이 노트북, 책 스탠드 : 100% 재생용지로 화학적 접착제나 코

팅을 하지 않은 소재로 만든다. 장애인이 그린 그림을 디자인으로 사용한다. 들고 다니기 쉽게 작게 접히고 노트북 스탠드 중 가장 가볍다.

9. 사탕수수 및 재생종이 제품 : 나무를 베지 않고 사탕수수로 만든 노트, 재생용지로 만든 노트가 있다. A4 사이즈 복사용지도 있다.

10. 테이프 : 택배를 보내거나 물건을 붙일 때 테이프가 종종 사용된다. 일반적인 박스 테이프는 플라스틱 소재로 박스에서 제거해야 재활용을 방해하지 않는다. 종이박스 테이프는 박스에서 제거하지 않아도 된다. 재활용 소재를 활용한 마스킹 테이프도 있다.

11. 화분 영양제 : 반려동물에게도 안전한 식물용 유기질 비료와 알약형 고체 영양제를 리필할 수 있다.

가치 소비로 선물하세요!

1. 스머지 스틱 : 치악산 자락에서 키운 무농약 허브를 엮어 만들었다. 집에 걸어두면 숲 향기가 난다. 인센스로 태워도 좋고 걸어놓고 천천히 건조시켜도 좋다. 웰빙하는 기분이 든다.

2. 아끼링 : 반려동물 산책 시 필수품인 아끼링. 병뚜껑 업사이클링 제품으로 배변 봉투를 용이하게 들고 다닐 수 있다.

3. 독서링 : 엄지손가락에 끼워 한손으로 책을 볼 수 있다. 독서링은 병뚜껑을 재활용한 제품이다. 상점에서 인기 만점인 제품이다.

4. 유리 액세서리 : 바다에서 주운 유리를 가공해 자석, 귀걸이, 배지 등을 만들고 유리를 주운 바닷가를 표시한 제품과 유리제품을 만들고 남은 자투리 유리를 활용한 귀걸이와 반지가 있다.

5. 나무 액세서리 : 수작업으로 가공한 나무 반지 제품. 직접 손가락 크기에 맞춰 반지를 제작하는 키트도 판매하고 있다.

6. 비건옥수수 팔찌 : 옥수수로 만들어진 비건 팔찌는 100% 핸드메이드로 만들었다. 친구, 가족, 커플팔찌로 추천하며, 사용할수록 멋스러워진다.

7. 동물 백참 키링 : 공정무역 제품으로 네팔 여성분들이 베틀로 짠 면직물로 만든 소재이다. 천연염색을 해서 색감이 따뜻하고 우정, 커플용 백참으로 선물하기 좋으며, 특히 어린이들에게 인기 만점이다.

8. 초 : 강원도에서 직접 만든 파라핀 프리 무포장 밀랍초(옥수수 모양부터 잣 모양 등 다양한 모양이 있다)와 비건 콩초가 있다. 선물하기 좋은 제품이다.

알맹상점

Dish

Laundry

Fabric

Shampoo

Treatment

Body wash

Lotion

Before SEA GLASS

금자

오늘 나는 포장 없이 알맹이만 팔던, 쓰레기를 줄이기 위해 시작한 제로웨이스트 가게 문을 닫는다. 우리가 처음 입주하면서 인테리어 공사로 변경된 부분을 원상복구하기 위해 마지막 출근을 했다. 공사업체는 요즘은 건설폐기물 '분별해체'가 의무화되어 예전처럼 막 부술 수 없고 철거할 때부터 소재별로 따로 뜯어내야 한다고 했다. 지금까지 공사현장에서는 인테리어 내외장재와 금속 골조, 폐콘크리트 등이 아비규환처럼 섞여 처리됐다. 그 결과 통계상 건설폐기물 재활용률은 높지만 실제 산과 강의 모래를 파내지 않고 재활용한 소재로 이를 대체하는 일은 역대급으로 일어나지 않았다.

재활용의 기본은 비헹분섞!인데, 지금껏 온갖 건설 폐자재가 '올인원'으로 뒤엉켜 배출돼서 제대로 재활용되기 힘들었다. 허나 이제 모든 건설 현장에서 가정집 분리배출처럼 소재별로 배출하는 '분별해체'가 시행된다. 또한 재생순환자재를 30% 이상 사용하는 건설사만 공공시설과 아파트 건설 등 큰 공사를 따낼 수 있게 됐다. (울랄라!) 전체 폐기물의 약 절반이나 차지하는 건설 폐기물이 실질적으로 재활용되도록 제도적 기반이 잡힌 것이다. 나는 분별해체를 확인하는 증빙 사진을 찍어 마포구청에 신고했다. 폐업하는 마당에 참 할 일도 많다만 내가 저지른(?) 가게를 올바르게 정리하고 책임진다는 점에서, 우리 상점의 마지막까지 쓰레기를 줄이는 활동을 한다는 점에서 감개무량이었다.

마포구청에서 나와 알맹상점 '쫑 파티'를 준비하러 망원시장에 갔다. 내가 환경주의자라서 자꾸들 오해하는데, 나는 남이 해주는 음식을 최고로 좋아한다. 『소박한 밥상』을 쓴 헬렌 니어링 언니처럼 나 역시 요리하는 시간보다는 책을 읽고 음악을 듣는 시간이 더 좋다. 하지만 그 좋아하는 남의 음식을 배달시켜 먹을 수가 없었다. 왜냐면 배달음식을 시키면 쓰레기가 줄줄줄 나오기 때문이다. 룸메이트는 내 살벌한 감시를 피해 내가 지방에 있는 본가에 갈 때마다 배달음식을 몰래 시켜 먹고 일회용 식기를 남의 집 분리배출함에 넣는 완전범죄를 획책하곤 했다. 하지만 싱크대 수챗구멍에서 한 조각의 중국집 노란 단무지를 발견하거나 쓰레기봉투에서 손톱만 한 플라스틱 피자 고정대를 발견한 나의 '과학수사대'급 수사에 걸려들곤 했다. 그런 날마다 룸메이트는 두려움에 떨며 내 눈치를 봐야 했다.

나도 이제 당당하게 배달음식을 주문한다. 시장에서는 샐러

드 재료와 과일만 샀다. 프랑스가 2022년 시행한 과일과 채소 플라스틱 포장 판매 금지법이 국내에도 시행되어, 사과, 바나나, 배, 감은 물론 양배추, 토마토, 당근, 버섯 등을 포장 없이 판매한다. 나는 재사용 실리콘 봉지와 천주머니에 과일과 채소를 필요한 만큼만 담았다. 예전에는 비닐에 묶음포장된 가지 다섯 개를 사서 두 개는 먹고 세 개는 썩어서 버리곤 했다. 이제 그런 일은 일어나지 않는다.

나는 배달음식 앱을 켜서 알맹상점 구성원들 취향에 맞는 음식을 골랐다. 가지로 만든 채식 장어구이 덮밥에 채식 계란을 추가하고 콜리플라워 탕수육을 주문했다. 마지막에는 다회용기 사용 버튼을 클릭했다. 일회용 없이 다회용기에 담긴 배달음식을 쉽게 선택할 수 있다. 1천 원의 용기 수수료를 내지만 일회용기를 선택하는 경우 환경부담금 2천 원을 내므로 다회용기가 훨씬 이득이다. 다회용기 업체들은 수수료와 플라스틱세의 보조를 받아 안정적으로 운영된다.

배달음식 식기뿐 아니라 지역 장례식장과 어린이집 급식 용기, 카페 다회용 컵 등을 대량으로 세척하고 배송해서 비용도 많이 낮아졌다. 결정적으로 일회용품에는 플라스틱세, 탄소세 등의 환경부담금이 붙어 기업도 소비자도 쓰레기를 만들고 버리는 사람이 그 비용을 책임져야 한다. 운반에 드는 탄소 배출을 줄이고 가격 경쟁력을 높이기 위해 지역마다 공공 용기 세척소가 생겼는

데 다회용기 회수, 세척, 배달 등의 로컬 일자리도 꽤 생겼다. 집에 가는 길에는 과일이 든 장바구니가 무거워 공공 자전거를 대여했다. 거리에 방치된 고장난 자전거를 수리하고 본체에 아티스트 그림을 입힌 재활용 아트 자전거 '따릉이'를 탔다.

10년 전 국내 최초로 화장품, 세제, 원두 등 알맹이만 판매한 우리 가게는 MZ 세대의 핫플이었다. 우리는 태국 제로웨이스트 가게 베터문을 보고 국내에 처음으로 리필스테이션이란 단어를 들여왔고, 세제와 화장품의 리필 판매가 해외가 아니라 지금 여기 한국에서 가능하다는 것을 증명했다. 이후 제로웨이스트 가게 중 리필을 하는 가게들이 생겨났고 대기업 화장품 업체와 대형마트 무인 리필기계도 모두 '리필스테이션'이라고 이름을 붙였다. 강산도 변한다는 10년, 촘촘한 일회용 규제와 리필 문화가 빠른 속도로 퍼지면서 웬만한 슈퍼마켓마다 리필 코너가 생겼다.

그뿐 아니라 전문 세척업체와 손잡은 기업들이 너나없이 재생원료로 만든 다회용기에 간장, 설탕, 소스, 부침가루, 화장품을 담아 팔고 용기를 회수해 다시 사용한다. 즉 소비자가 직접 리필하지 않아도 리필해서 알맹이만 담아 파는 제품들을 슈퍼마켓 선반에서 쉽게 살 수 있는 시대가 온 것이다. 플라스틱 사용 업계는 30% 이상 재생원료를 사용해야 하고 새 플라스틱 사용 시 플라스틱세를 부담하고 연차별로 플라스틱 사용 감축량을 달성해야 한다. 이러니 우리가 망했지 안 망하고 어떻게 버티겠는가. 가게들이 너나없이 포장지 없이 알맹이만 파는 제로웨이스트 가게가 되었으니 우리가 존재할 이유가 사라졌다. 우리는 도시가스 시대의 연탄처럼 옛 풍경이 되어갔다. 알맹상점 시절의 '흑역사', 서로의 앞날과 새 일자리를 이야기하며 우리의 모임을 마친다. 와인병과 음료 페트병은 집에 돌아가는 길에 슈퍼마켓 앞의 기계에 반납한다. 병당 300원씩 보증금이 나온다.

알맹상점 구성원들은 요즘 뜨는 동네 수리 카페와 이케아 매장처럼 으리으리한 쇼룸이 있는 5층짜리 자원순환 백화점, 전문 다회용기 세척소 등에서 새로 일을 구했다. 이미 50대 중반에 접어든 나는 고향으로 내려가 동네 재활용 정거장에서 일주일에 두 번 '쓰레기 도슨트'로 활동할 예정이다. 쓰레기를 줄이고 재활용하는 방법을 설명하고 관리하는 직업이다. 나머지 시간에는 기후변화로 남도에서 자라기 시작한 올리브를 짜서 재사용 병에 담아 판매하고 용기를 수거하는 '리올리브' 프로젝트를 한다. 알맹상점을 하면서 관계를 맺은 광주의 제로웨이스트 가게 카페이공 활동가와 도모한 새로운 비즈니스다. 나는 자전거를 타고 동네를 달리며 현장에서 마지막 설거지를 하는 할머니가 되고 싶다.

이 모든 것이 2033년이라면 너무 비현실적이고 빠르다고? 서울역에서 운영 중인 알맹상점 리스테이션은 일회용 컵 없는 카페이다. 이미 다회용 컵 세척 업체인 트래쉬 버스터즈 서비스를 이용하고 있다. 청주에는 전국 최초 공공 세척센터가 생겨 다회용기를 세척하여 필요한 곳에 배달해준다. 배달음식 앱 역시 이미 일부 지역에 한해 다회용기를 제공한다. 유럽연합은 플라스틱 1킬로그램당 약 1천 원의 플라스틱세를 부과한다. 2022년 6월부터 프랜차이즈 카페 일회용 컵에는 300원의 보증금이 붙는다. 나는 이 글을 코로나로 인해 쏟아지는 수많은 일회용품 쓰레기와 마스크 끈에 걸려 죽어가는 새들의 사진을 보며 쓴다. 세상에는 절망할 수밖에 없는 사실이 넘쳐난다. 가끔 너무 늦어버린 것 같아 눈물이 나고 '기후 우울증'을 겪는 젊은 세대의 마음에 공감한다. 하지만 꿈을 꾸겠다. 우리에게 아직 행동할 시간과 의지가 남아 있다고 믿고 싶어서, 그 믿음을 벼리기 위해 나는 절망하지 않고 사부작사부작 몸을 움직인다. 그람시가 감옥에서 써내려간 이성의 비관주의와 의지의 낙관주의를 생각한다. 내게는 알맹상점을 같이 일구며 우리가 할 수 있는 뭐라도 같이 해보자고 손을 내밀어준 고마운 사람들이 있다.

그리고 늘 고맙고 죄송하고 그만큼 사랑하는 나의 부모님, 마지막 만찬을 함께하고 싶은 망원동 '샘빌라' 사람들과 나의 전 룸메이트들에게 고맙다. 이렇게 다정한 나라니…. 알맹상점을 통해 나는 조금이나마 나은 사람이 되어가는 듯하다. ◆

은

직장을 잘 다니다가 갑자기 눈을 다치고 그 후유증으로 일을 그만두게 되었다. 이렇게 된 거 신혼집이나 정리하려고 찾아보다가 미니멀 라이프를 알게 되었다. 이렇게 정리된 쓰레기들이 어디로 가는지 갑자기 궁금해져 밤새 찾아보기를 몇 개월… 책을 읽으며 내 삶이 180도 달라졌다. 이대로는 안 된다! 내가 할 수 있는 일을 고민하기 시작했다.

내 배우자는 쓰레기, 환경에 대한 이야기를 오래전부터 했다. 대학에서 환경 관련 강의를 한 적도 있다. 주말에 오랜만에 만나서 데이트할 때는 빨대를 사용하지 말라고 했는데, 기분이 좋지 않을 때도 있었다. 그는 나의 변화하는 모습을 누구보다 반가워하고 고마워했다. 주변에 넘쳐나는 쓰레기들을 보며 답답해하던 차, 남편이 나에게 자연과 예쁜 쓰레기를 찍어 SNS에 업로드해 보기를 제안했다. 사진만 찍고 지나가려니 발걸음이 무거웠다. 그때부터 쓰레기를 줍기 시작했다. 그것이 지금의 플로깅이다. 걸어다니며 쓰레기를 줍는 북유럽의 환경 캠페인. 알맹러들과 함께 꽁초를 주워 담배 회사에 보내기도 했는데 이는 '와이퍼스'와 진행한 '꽁초 어택'의 시발점이 되기도 했다. 지금도 담배꽁초에 대한 이슈는 끝나지 않았다.

알짜 활동을 하며 서러운 일을 당할 때마다 우리 공간이 필요하다며 가게를 차려야 한다는 말을 했다. 그렇게 입에 딱지가 앉도록 말했던 세 명이 진짜로 공간을 오픈하게 되었다. 나에게 필요했기 때문에, 사심을 한껏 담아 준비하며 어쩌다 사장이 되었다. 편의점처럼, 아름다운 가게처럼 곳곳에 리필스테이션이 있기를, 알맹이만 파는 가게들이 있기를 바라며 가게를 열었다. 쓰레기를 줄일 수 있는 다양한 재밌는 활동을 하자며 캠페인, 파티, 팝업숍을 진행했다. 기업과 국가를 바꾸기 위해 플라스틱 어택도 계속 진행 중이다. 캠페인과 어택을 할 때 우리 셋은 죽이 착착 맞는다. 우리는 어제보다 오늘이 더 친한 관계로 지날수록 더 가까워지며 즐겁게 일한다. 일 벌이는 데 선수인 우리는 제발 오늘은 일 벌이지 말자고 약속하지만, 결국 계속 일을 벌인다. 내가 생각하는 사업의 끝은 모든 동네에 리필 가게가 있어서 알맹이만 사는 것이 기본이 되는 세상, 그리고 쓰레기들이 선순환되는 세상이다. 이날 도비처럼 자유로운 몸이 될 수 있을 것 같다.

출판을 약속하고 오랜 시간이 지나 이제야 마무리 글을 쓰게 되어 죄송하고 감사하다. 옆에서 나의 활동을 지지해주는 든든하고 고마운 남편과 매주 기후위기비상행동에서 피켓시위를 하고 있는 시어머니, 나의 활동을 관심 있게 보며 물티슈 사용이라도 줄이려 노력하는 시아버지와 이를 지지하는 시누이네, 그리고 아직 실천은 어렵다고 말하면서도 활동을 응원해주는 친구들, 언니 가족과 부모님께 감사하고 사랑합니다. 마지막으로 쓰레기 문제에 함께 공감하며 오늘도 알맹이만 담아가는 가게를 찾아주고 응원해주고 목소리를 내주시는 여러분께, 그리고 함께하고 있는 매니저님들, 손잡고 항상 열심히 치열하게 오늘도 밤새 일하고 있는 대표 3인방에게 이 글을 바칩니다. 고맙습니다. 오늘도 알맹이만 담아 가주셔서.

래교

이익보다는 쓰레기 하나라도 줄이고자 하는 마음으로 시작한 세 대표는 이제는 책임져야 할 매니저와 캠페인이 있어 계산기를 두드릴 수밖에 없는 사장이 되어가고 있다.

세상의 모든 일을 우리가 다 하는 것처럼 매일 새로운 일거리가 빵빵 터져서 하루종일 휴대전화를 붙들고 산다. 아이들에게 휴대전화는 바보상자라고 했던 나는 거짓말쟁이 엄마가 되었지만 더 나은 내일을 위해 자부심을 가지고 진격하고 있다. 밥을 거르는 일이 일상이라 서로의 건강을 걱정하고 제대로 월급도 못받고, 없는 일을 만들어서 결국 뭐든 해내는 3인방은 전생부터 인연이 있으리라 짐작해본다.

이 한 몸 불사르는 애정을 쏟아 붓고 있는 알맹상점도 언젠가 문을 닫을 때가 올 것이다. 그 마지막 모습을 한 번씩 상상한다. 우리가 바라는 대로 제로웨이스트 문화가 일상에 퍼져 모든 슈퍼마켓이 무포장 가게가 되어 원하는 만큼 식료품을 구입하는 세상, 모든 편의점에 자동화 리필 기계가 있어 통만 들고 걸어가서 세제와 화장품을 리필하는 세상, 배달업체 다회용 용기 시스템이 자리잡혀 집집마다 현관에 재사용 트레이가 갖춰진 세상, 제품마다 재질이 단일화되어 손쉽게 재활용 분리배출할 수 있는 거점센터가 생긴 세상, 그런 세상에서 알맹상점의 마지막을 맞고 싶다.

운영이 어려워져 문을 닫는 현실보다 먼 미래 같지만, 꼭 이루고 싶어서 이런 마지막을 꿈꾼다. 이렇게 비현실적이고 멋진 미래를 꿈꿀 수 있게 함께하는 나의 동지, 금자님과 은님. 동업은 사업이 망하는 지름길이라고 흔히 말하지만, 우리에게는 동업이 신의 한 수였다. 서로의 부족한 부분을 채워주며 톱니바퀴가 맞물려 돌아가듯 굴러가게 만들어준 금자님과 은님에게 진심으로 감사하고 감사하다.

초보 사장이라 조건, 복지 등 모든 것이 어설프지만 우리를 믿고 함께해주는 상점 매니저분들에게도 늘 감사하다. 믿음직한 매니저분들이 계셔서 다양한 활동이 가능했다. 알맹 매니저님들 알러뷰 포에버!!

2022년 3월, 임대료가 저렴한 3층으로 이사 가면서 과연 손님들이 여기까지 찾아올까 걱정이 태산이었다. 찐환경실천러 알맹러님들은 약속이라도 한 것처럼 빈 용기를 들고, 여러 가지 깨끗한 자원을 모아 엘리베이터 대신 계단을 이용해 3층까지 오신다. 이분들이 알맹상점의 존재 이유다. '안 되면 1년만 하고 장렬하게 문 닫자!!'고 시작한 사업이 여기까지 오는 데 수많은 알맹러 님들이 주신 용기와 힘이 있었다. 정말정말 고맙습니다!

알맹상점 이후 제로웨이스트 가게가 많이 생기면서 제로웨이스트 생태계도 격동의 시기를 보내고 있다. 우리처럼 어려움을 겪지 않길 바라는 마음에서 오지랖도 많이 떨었는데 그 모습마저 응원해주시고 동지애를 뿜뿜하는 도모도모 모임 대표님들, 좋은 일 있으면 함께 축하하고 안 좋을 일 있으면 함께 욕도 해주는 동지가 있어 늘 든든하다. 진심으로 감사합니다.

이 일을 시작하면서 일주일에 두 번만 나가면 된다고 남편에게 말했는데 돈은 돈대로 끌어다가 투자한다고 쓰고, 일은 일대로 많아서 365일 밤낮없이 일하게 되었다. 이런 나를 이해해주는 남편과 지구 구하는 엄마가 자랑스럽다고 말했다가 자기랑 안 놀아준다고 삐지는 우리 딸과 아들, 아마도 우리 가족이 없었다면 이렇게 열심히 할 수 없었을 것이다. 손길이 필요한 아이들에게 많이 신경을 못 쓰고 있어 미안한 마음이 크지만 우리의 노력이 지구의 시간을 조금이라도 늦출 수 있다는 희망으로 매일 달린다. 투덜거리면서도 이해해주는 남편, 나의 사랑 우리 아이들에게 마지막으로 사랑하고 고맙다고 꼭 전하고 싶다. 그리고 지금은 서운하겠지만, 인생은 결국 스스로 살아가는 거다, 애들아.

◆ 참고 자료 ◆

101p 환경부, 2019, 2021

117p 출처 : 자원순환사회경제연구소 홍수열 박사님

128p 녹색연합 조사, 2014

131p 가온 차트 기준

139p 환경부, 2018

144p it.chosun.com, 2021

149p 『플랜 드로다운』(폴 호컨, 글항아리사이언스, 2019), 144쪽

191p 환경부고시 제2020-39호

273p 「경향신문」에 2022년 2월 4일에 기고한 칼럼을 수정, 보완하였습니다.

알맹이만 팔아요, 알맹상점

초판 1쇄 발행 2022년 5월 4일 **초판 4쇄 발행** 2024년 5월 16일

지은이 고금숙·이주은·양래교
펴낸이 최순영

출판1 본부장 한수미
와이즈 팀장 장보라
디자인 윤정아
본문 일러스트 별라랜드
캐릭터 일러스트 김태현, 설동량, 최규원

펴낸곳 ㈜위즈덤하우스 **출판등록** 2000년 5월 23일 제13-1071호
주소 서울특별시 마포구 양화로 19 합정오피스빌딩 17층
전화 02) 2179-5600 **홈페이지** www.wisdomhouse.co.kr

ⓒ 고금숙·이주은·양래교, 2022

ISBN 979-11-6812-303-8 03330